なぜ「大学は出ておきなさい」と言われるのか

キャリアにつながる学び方

浦坂純子 Urasaka Junko

★――ちくまプリマー新書
099

目次 * Contents

おわりに――学生から社会人へ

章扉イラスト　斎藤ひろこ（ヒロヒロスタジオ）

はじめに——大きくなったら何になりたい？

書き始めるにあたって

この本で皆さんに伝えたいことは、とてもシンプルです。将来の進路を考える段になって、「大学くらいは出ておきなさい」と言われたことはありませんか？

その通りかもしれないけれど、そう自信たっぷりに断言されると、何だか反発したくなります。自分の人生は自分で決める。余計な口出しはしないで欲しい。だって、先のことはまだ分からない。そんな風に考える皆さんへの、私なりのアドバイスです。

さて、「近視眼的」という言葉があります。目先のことだけにとらわれて、先を見通す力がないという意味です。決していい意味では使いません。

「人生の岐路」と言われてもまだピンとこないかもしれませんが、いざそういう場面に立たされたときに、ウロウロして場当たり的な行動に走るようじゃアカン、後悔するで、と言いたいのです。そうならないように、前もって準備をしておくことの必要性を知っておいて欲しいのです。

私は、小学生の頃《ころ》からド近眼で、コンタクトレンズやメガネがないと家の中でも怖くて動けません。皆さんも、別の意味で怖くて動けないということはないですか。目先のこと、身の回りのことだけしか見えていないと、少し先でもとても不安です。遠い将来はもっと不安です。

突然自分の目の前に大きな壁が出現したり、落とし穴にはまったりすることがあるかもしれません。でも、顔を上げてさえいれば、前もって壁や落とし穴の存在に気づいたかもしれないし、避けて通ることができたかもしれないでしょう?

この本では、**視線を少し先に、こころもち上げてみたらどう?** と言いたいのです。しっかり前を向いて歩くことで、より一層足元にも注意が行き届く。それがどれだけ大切かということを、**皆さんが直面している勉強、進学、そして仕事という側面から考えてみたい**のです。

自分もかつて間違いなくそうであったように、10代というのは毎日を追い立てられるように過ごしているはずです。明日の宿題をどうこなすか、中間試験、期末試験をどう乗り切るか、夏休みの試合をどう勝ち抜くか、友達のこと、家族のこと、今まさに気をとられることがありすぎて、先のことなどじっくり考える余裕がないというのが正直なところではないでしょうか。

「それに、世の中だっていつどうなるか分からへんし」。確かに、私もそんな気分になったことがありました。若者が将来に希望や夢を描きづらくなっているということは、よく指摘されています。「ビッグになりたい」なんてうそぶく気にさえなれないような、不透明な世の中になってしまったのかもしれません。

しかし、「ホンマに世紀末に人類は滅亡するかも」と当時ちょっとは期待していたノストラダムスの大予言も結局うやむやになり、無事21世紀を生きる人間となった私としては、昨日の延長線上に今日が、今日の延長線上に明日が、比較的着実に訪れるものだという信頼感もあるのです。

つまり、いつどうなるか分からないのはその通りだけれど、そのリスクを回避するためにも、またそのリスクに見舞われたときに柔軟に対応するためにも、自分の歩み方を力強い、筋の通ったものにする必要があるのではないでしょうか。備えあれば憂いなし。アリとキリギリスの寓話《ぐうわ》を引き合いに出してきそうな、訳知り顔の大人なんて鬱陶《うっとう》しいでしょうね。

でも、私も年齢だけは立派な大人になって、大学の教壇という若者に向けて発信できる場に立つようになって、叫びたいことがふつふつと湧《わ》き上《あ》がってきたのです。ああしておけばよかったと悔やまれる数々のこと。研究の蓄積がもたらした、目を背けてはならない、今知らなければならない数々のこと。それを叫び続けたのが、この本だということです。

だからこの本は、そういう人たちに手に取ってもらえることを期待しています。背伸びしている中学生、ど真ん中の高校生、実は心許《こころもと》ない大学生、そして親御さんたち。

昔、夏休みの宿題で出された読書感想文に四苦八苦していたとき、上級生が「本を読んで自分がどう変わったかを書けばいいんだよ」とアドバイスしてくれました。記憶に鮮明に残る、懐かしい思い出です。読み終えた後、皆さんの中に少しでも変化が見られることを願って始めてみましょう。

大きくなったら何になりたい？

さて、随分抽象的な書き出しをしてしまいましたが、ここでもう少し具体的にこの本が扱うストーリーを紹介します。

皆さんは、子供でもなく、大人にもなりきれていない中途半端な年頃《としごろ》。そう想定しています。普段、もっと大人にならなければ、というプレッシャーは感じていますか？成人年齢を18歳に引き下げる議論がなされる一方で、20歳を超えても、社会人になっても、ずっと子供であり続けることを許容する雰囲気が何となく蔓延《まんえん》しています。その象徴的な存在が、「パラサイト・シングル」です。耳にしたことがあるでしょう。

「パラサイト・シングル」とは、学卒後もなお親と同居し、基礎的生活条件を親に依存している未婚者を示す用語で、東京学芸大学の山田昌弘《まさひろ》助教授（当時）が使い始めました（『パラサイト・シングルの時代』ちくま新書、1999年）。

未婚化、少子化、あるいは若者の就業意識などの社会問題を読み解く上で、増大するパラサイト・シングルという視点を提示することが、非常に新鮮で、かつ切れ味も鋭かったため、メディアでも頻繁《ひんぱん》に取り上げられ、一気に認識が広がりました。パラサイト・シングルをめぐる事情は、今も変わっていないどころか、さらに深刻になっています。

「パラサイト・シングルって大人なんでしょうか。大人になるってどういうことなんでしょうか。赤ちゃんが生まれたら、早く大きくなって欲しくて一生懸命に育てます。大きくなる、大人になる、その意味するところは様々に解釈できますが、「大きくなったら何になりたい？」と聞かれたことのない子供はいないと思うんです。皆さんも一度は聞かれたことがあるでしょう。何と答えたか覚えていますか？

大きくなったら何になるのか。大人になったら何にならなきゃいけないのか。ならなアカンということではないでしょうけれど、つまり、ほとんどが仕事や職業を答えているはずです。質問する側も暗黙のうちにそれを期待しています。「お医者さん」と答えれば、おお、それは将来楽しみと悦に入り、「パティシエ」と答えれば、そんな言葉どこで覚えたんだと微笑《ほほえ》ましく思ったり。今は「お嫁さん」という答えは少ないのでしょうか。ちょっと気になるところですが。

「大きくなること、大人になること」と「仕事をすること、職業に就くこと」が、それだけ不可分なものとしてとらえられていることがよく分かります。「〇〇になりたい」と無邪気に言えた頃が懐かしいですね。ただ、いつまでもその頃のままというわけにはいきません。

道の曲がり角

では、ほわほわとした将来の夢というレベルの「なりたいもの」から卒業して、仕事や職業について現実的に考え始めるタイミングは、一体いつなのでしょう。はっきり線引きできるものではなく、だんだんと意識し、行動し始めるというのが実際のところかもしれません。でも、嫌でも選択を迫られる節目というのが必ず何度かあるはずです。

「道の曲がり角（The Bend in the Road)」というのは、モンゴメリ著『赤毛のアン(Anne of Green Gables)』の最終章のタイトルです。家庭の事情で進学を諦《あきら》め、教師になる決意をするアンは、自分の選択がベストのものであると信じています。その前向きな姿勢に励まされた人もきっと多いでしょう。そのときアンは、16歳という若さでした。

小説の中の一例ではありますが、このように極めて早い段階で意思決定が求められる場合もあります。日本の場合はどうなのでしょう。

働くことができるようになるのは、中学校までの義務教育を終えた15歳からです。しかし、『学校基本調査』（文部科学省、２００８年）によると、高校進学率が97・8％にまで到達し、うち普通科の生徒が7割以上を占めています。

したがって、高校までは大半が同じような道を辿《たど》り、土台となるべき基礎的な教育を受け、18歳で最初の「道の曲がり角」に立つと見なしていいのかもしれません。同調査による大学進学率が52・8％ですので、大雑把にとらえるならば、半分は進学、半分は就職他《ほか》というのが現状です。

さて、日本の18歳はどのように進路を決定しているのでしょうか。まずは進学するのか、就職他をするのかの選択があり、その先に具体的にどの大学へ進学するのか、どの職場に就職するのかなどの選択があります。いずれもかなり複雑な要因が絡み合った末の決断になりますが、この本では大学への進学のみを扱います。しかし、以下の話は、この時点で就職他を選択する場合でも参考にしてもらえることがあるはずです。

18歳人口の減少に危機感を抱いて、最近は大学側もアピールに必死です。教科書があり、文部科学省が定める学習指導要領に基づいて学ぶ高校までに比べて、大学は学びの専門性がウリですから、入学後の教育にはいい意味での偏りがあります。その内容に関心が持てなかったり、合わなかったりしたらお互いに不幸ですので、受験生には、なるべく大学での勉強の中身を正確に把握して欲しいと、パンフレットやホームページで情報を発信したり、オープンキャンパスを実施したりしています。

私も大学に勤める身、そんなん意味ないんちゃうん、とはさすがに大きな声では言えません。けれど、オープンキャンパスに来ている暇があったら、勉強したほうがええんとちゃう、とは心の奥底で思ったりするわけです。だって、受験するかどうか（できるかどうか）を決めるのは、ぶっちゃけ偏差値なんでしょう？

どれだけ面白い勉強ができそうでも、合格できなかったら意味ないやん、というのが受験生の本音であり厳しい現実でもある。もっともです。でもだからといって、ひたすら偏差値に判断基準を委《ゆだ》ねていていいのでしょうか。先に触れたように、偏りのあるのが大学教育です。その専門性が、卒業後の仕事や職業に直結する度合いも格段に大きくなります。

だからこそ、大学側の工夫を凝らした働きかけを活用して、勉強したいことを真剣に探るのは、至極まっとうで、いいことだと思うのです。大学での学びの先に、社会人として「働く」存在となる自分を見出すことができたら、それが実現可能な大学に合格できるように精一杯努力する。それにこしたことはありません。

ただ、結果的には、一番手近な「少しでも偏差値の高い大学」「つぶしのきく学部」という辺りに判断基準が帰着してしまいがちなのは否めません。お得意様に文句をいう筋合いではないのですが、関連性の低いいくつもの学部（下手をすると全学部）を併願してくださる受験生を見ると、非常に複雑な気持ちになります。

それこそ「近視眼的」。「なりたいもの」は二の次で、それと深く向き合うことを「とりあえず（どこでもいいから？）大学に入ってからや」と先送りしてしまっている部分があるのではないでしょうか。気持ちは分からないでもありません。でも、今は受験が最優先だからしゃあない、とあっさり開き直ってしまっていいのかなとも思います。

さらに、別の側面からも考えてみましょう。高校での勉強の仕方です。私が学んだ経済学は、目標を達成するために、制約条件の下でベストを尽くすというのが人間の行動原理だと教えてくれました。

だとすると、大学入試を突破するために、高校のカリキュラムの下でベストを尽くすと果たしてどうなるでしょう。簡単ですね。そのココロは、受験に必要な科目に特化して勉強する、です。それが一番効率的で、賢い勉強の仕方になるはずです。

でも、何か見落としていませんか。目標設定が、また随分「近視眼的」ですね。たった数年先までしか視野に入っていません。この勉強をしておいたら、将来豊かに生きられるんじゃないかとか、教養が身につくんじゃないかとか、そんなことは一切お構いなしです。

そんな悠長《ゆうちょう》なこと言ってられへん。それも分からないではありませんが、受験に不要というだけでどんどん捨て去った科目が、長い目で見てもやはり不要なのでしょうか。そう断言できるだけの根拠と自信はありますか？　例えば私立文科系専願者の数学。Y＝aX＋b と板書しただけで目がうつろになってしまっている学生を見るにつけ、長い目どころか大学の授業にだって差し障りがあるやん、とため息が出ます。

なりたいものじゃなくて……

努力の甲斐《かい》あって、何とか大学生活をスタートさせることができたとしましょう。自分も満足、親も安心、大学生という身分があれば世間から後ろ指をさされることもありません。たとえ頭の中は空っぽのまま、バイトとサークルとレジャーに勤《いそ》しんでいても、近所には分かりませんから。日本のフツーの大学生は、楽しいことにまみれています。

そうはいっても、猶予期間は4年間……も実のところありません。現在は、遅くとも3年生の秋から就職活動に取り組まなければ出遅れますので、実質2年半で再度「道の曲がり角」に遭遇します。この2年半がどれだけ短いか。

この期《ご》に及んで、はたと気がつくわけです。将来の夢としての「なりたいもの」は、もはやノスタルジー。仮に頭の片隅に残っていたとしましょう。それでも子供の頃とは違うとらえ方をしているはずです。いえ、そうできていなければマズイ。

子供の頃のファンタジーからは、急いで目覚めなければなりません。就職活動を目前に控えている大学生であれば、もう待ったなしです。今でも「おまわりさん」になりたいのであれば公務員試験を受ける。「外交官」でも「保健室の先生」でも同じです。「お花屋さん」になりたければ、フラワーショップに就職するのか、自分の店を持つのかを検討する。「アナウンサー」になりたければ、宝くじ並みの競争率にもめげずにテレビ局の内定を勝ち取る、などなど。

そう考えると、「〇〇になりたい」と言えるような、ごく一部の特殊な仕事や職業であっても、現実問題としてはほぼ職場ありき、すなわちどこかに雇用されるということが前提であることが分かります。大学生の就職活動とは、したがって職場を探すことです。そして、その場は圧倒的に民間企業が多い。だから「就職」ではなく「就社」と揶《や》揄《ゆ》されたりするのです。

ところで、唐突ですが、私はデビュー当時から織田《おだ》裕二さんの大ファンです。織田さんが若かりし頃に主演した映画に『就職戦線異状なし』（フジテレビ、1991年）という作品があります。1980年代のバブル最盛期、一流大学の三流学生が、一流マスコミへの内定を目指して奮闘する底抜けに面白い映画です。

私は、大学では雇用や労働に関して多方面から研究、教育する学科に所属しています。

「〝働く〟を学ぼう！」という景気のいいスローガンを掲げているのですが、学生にはイマイチ伝わり難《にく》い。ですから、初めのうちは「こんなことも研究対象になるんや」と目からうろこを落としてもらうことに心を砕いています。

映画の利用もその一つ。映画の中にだって研究のヒントは転がっていること、それを感知する能力を身につけると俄然《がぜん》楽しくなることを理解してもらいたくて、1年生対象の導入授業で何度か鑑賞したのですが、『就職戦線異状なし』で描かれている派手な就職活動は、超氷河期真《ま》っ只中《ただなか》で凍りついている学生には、さすがに目の毒だったかもしれません。

その映画の中で「なりたいものじゃなくて、なれるものを探し始めたらもうオトナなんだよ……」という台詞《せりふ》がありました。市販ビデオのパッケージにもキャッチコピーとして採用されています。マスコミへの就職に敗れ、自嘲《じちょう》気味につぶやかれた台詞ですが、それが当たり前なんです。マイナスイメージでとらえることでは決してナイ。**「なりたいもの」から「なれるもの」へのブレイクダウンは、社会人になるためにはあまりにも当然であり、必要不可欠な作業です。**もう少し厳密に表現するならば、「なりたいもの」にどう接近するか、あるいは「なれるもの」をどう「なってよかったもの」にするかという作業です。

子供の頃、漠然と思い描いていたように、「なりたいもの」として全く異なる選択肢が並び立っているわけではありません。実際のプロセスは、多くの場合共通です。職場を選び、選ばれ、与えられる機会を活《い》かしながら「なりたいもの」に近づいていく。「なってよかったもの」にする。

社会に出ればすぐに分かることですが、「○○になりたい」とすんなり言えるような仕事や職業はごく一部です。それを素直に目指すことのできる条件に恵まれた人より、自分の土台をしっかりと作り、職場を得て、地味な仕事を毎日繰り返しながらもキャリアを築いていく人のほうが断然多い。

そういう意味での「なりたいもの」から「なれるもの」へのブレイクダウンが円滑に進められていなければ、就職活動を前に「そもそもこれからどうしたいのか」「自分に武器はあるのか」という不安の前に立ち尽くすことになりかねません。

映画の登場人物たちは、就職活動を通じてがむしゃらにあがくことで、ブレイクダウンを達成していきます。織田さん演じる主人公は、スポーツメーカーに就職を果たしますが、自ら選び取った居場所に心の底から納得した表情が眩《まぶ》しいほどでした。研究のヒントを感知すると同時に、自分のブレイクダウンの問題としても省みて欲しい。鑑賞させるときは、そんな思惑もこっそり胸に秘めています。

それができなければ、またもや「とりあえず（どこでもいいから？）就職してからや」という先送りパターンの踏襲になるのでしょうか。そういう人が、「七五三離職」の主役を張っているのかもしれませんね。「七五三離職」とは、中卒の7割、高卒の5割、大卒の3割が就職後3年以内に離職しているという現象を示す用語で、自分の希望と職場とのずれ（ミスマッチ）が主な原因であると考えられています。

あるいは就職活動をまっとうできず、フリーターやニートに移行していくのでしょうか。それが先々悲惨な事態を招きかねないことは、社会問題化している様々な事例からも明らかです。

働くために学ぶ

ここまで、皆さんが経験する可能性の高いストーリーをざっと述べてきました。この流れに沿って、それぞれの「道の曲がり角」をフォーカスしつつ、次章からより詳細に考察を深めていきたいと思います。

この段階で、すでに引っかかっている点や、受け入れられない点が発生しているかもしれません。そういうことが論点のタマゴです。そうですね、例えば「なりたいもの」から「なれるもの」へのブレイクダウンを果たす原動力はどこに見出せるのか、というのもその一つになるでしょうか。

さらに少々難しい表現をするならば、学校教育の場を存分に生かしながら主体的に、かつ幅広く学ぶことの意義を、客観的なデータに基づいて確認すること。何を学ぶかではなく、どう学ぶかという点を重視し、そのプロセスを着実に遂行できることが社会人としての底力にもなり得ること。

その上で、今の自分の延長線上に「働く」ことを明確に意識し、自分らしいキャリアを積み重ねていく覚悟と自信を養うこと。最終的に、そのようなことがストンと腑《ふ》に落ちる、そんな議論が展開できればいいなと思っています。

私が勤める同志社大学に縁のある学者であり、宣教師でもあったラーネッド（D. W. Learned）は、次のような言葉を残しています。京田辺キャンパスにあるラーネッド記念図書館の正面に刻まれているのですが、“Learn To Live And Live To Learn”（生きるために学び、学ぶために生きる）というものです。いい言葉だと思いませんか。

ラーネッド先生は、120歳も年下の一教員の厚かましさに苦笑されるかもしれませんが、この本が論じていくことは、まさに“Learn To Work And Work To Learn”（働くために学び、学ぶために働く）ということです。

こうして書き換えてはみたものの、Live でも Work でも本質は変わらないのかもしれないな、という気がしてなりません。働くことは生きることにつながり、生きることは働くことにつながる。学ぶこと、働くこと、そして生きることは、重なり合うものでもあり、トライアングルのようでもあり、切り離して論じられることではありません。

ここは大いに欲張って、三《み》つ巴《どもえ》で進めていきましょう。

第1章　「働く」ことの5W2H

この章では、まず皆さんに「働く」ことを考察するための素材を提供したいと思います。今の自分の延長線上に「働く」ことを明確に意識するためにも、「働く」ことの現状がどうなっているかを認識しておいて欲しいからです。しかし、膨大な情報をどういう風に伝えたらええんやろ？　と考えあぐねていたときに、ふと5W1Hのことが浮かびました。

物事を的確にとらえるためには、5W1Hをはっきりさせなさい、と言われたことはありませんか？　5W1Hとは、いつ（When）、どこで（Where）、誰《だれ》が（Who）、何を（What）、なぜ（Why）、どのように（How）という6項目のことです。

よしよし、これでいこうと思って、それぞれの項目に沿った切り口を設定してみたのですが、惜しいところでうまく当てはまらないのです。そこで、Where と What を合体させて仕事や職業の種類について述べることにし、新たに「いくら（How Much）」

という項目を設けて、どうしても外せない賃金について言及することにしました。

この「5W2H」を通じて、「働く」ことの全体像をくっきりと浮き彫りにしてみましょう。「敵を知り、己を知れば、百戦危うからず」と言いますね。敵ではないですが、ゴールを知り尽くすことは、そこに到達するまでのルートを探し出す最大の手がかりになります。自分がどうすべきかを思案するのは、その後からです。

When いつ：働く期間と時間

「はじめに」では、「大きくなること、大人になること」と「仕事をすること、職業に就くこと」が不可分で、働くことは生きることにつながり、生きることは働くことにつながる、などと書きましたが、まてまて、ホンマにそうなん？ と思っている人、いるのではないでしょうか。ホンマに絶対働かなアカンわけ？

もちろん、働かないで済むんだったら、それはそれでOKだと思います。Happy かどうかは別にして、少なくともOKです。ちょっと想像してみてください。自分は将来働かなくても済みそうですか？ 働くことの第一の目的は、何といっても生活費を稼ぐことです。

生活費を稼ぐこと以外の目的については、後で色々と検討してみますが、この点に疑問を差し挟む余地は、まずないと思うのです。衣食住には結構お金がかかります。服だって新しいものは際限なく欲しくなるし、ファーストフードで軽くランチをしても千円近くかかってしまう。光熱費もバカにならなければ、携帯代やクレジットカードの支払いなんて、月末に請求書を見て「こんなに使ったっけ？」とおののくことも。

と想像をめぐらせながら、「アカンなあ、私は働かな」と観念しました。働かな食べていかれへんという人はごまんといますが、全然働かんでもええねん、遊んで暮らせそうという人の心当たりはまるでありません。

皆さんも周囲を見渡してみれば、一生働かないで済んでいる人ってまあいないでしょう？　専業主婦のお母さんも元丸の内ＯＬだったとか、隣の家のおじいちゃんもかつては世界をまたに掛ける商社マンだったとか、そんな自慢話めいたこと、水を向けたらどんどん出てきそうですね。

「はじめに」で触れたように、働くことができるようになるのは、中学校までの義務教育を終えた15歳からです。これは「労働基準法」の第56条で決められています。「労働基準法」とは、働く人が、「人たるに値する」生活を送るために必要な、働く条件の最低基準を定めた法律です（同法第1条）。一方で定年年齢は、今のところ60～65歳が一般的ですから、仮に皆さんが大学卒業後22歳で働き始めるとすると、**実に40年以上の働く期間が待ち構えている**ことになります。

「労働基準法」は、働く時間も決めています。第32条において「使用者は、労働者に、休憩時間を除き1週間について40時間を超えて、労働させてはならない」とあります。さらに、「使用者は、1週間の各日については、労働者に、休憩時間を除き1日について8時間を超えて、労働させてはならない」とあります。これが法定労働時間です。

ということは、1日8時間、週40時間は働くことになるわけです。月曜日から金曜日までの5日間、1日8時間働いたら週40時間になりますね。簡単な計算をしてみましょう。365日を7日で割って40時間をかけると、1年で約2000時間になります。人々が実際に働いた時間（年間総実労働時間）は、それより若干短く、2007年度の確報で1807時間でした（『毎月勤労統計調査』厚生労働省、2007年）。

さらに、65歳の定年まで43年間、毎年コンスタントに1800時間ずつ働くと仮定すれば、一生で7万7400時間という数値が得られます。24時間寝ないで働いたとして3225日、つまり9年弱ということになるでしょうか。気が遠くなりそうですね。

1日8時間という労働時間は、起きている時間のほぼ半分に相当します。働くことは、毎日の生活の中でそれだけ大きなウエイトを占める存在になり得るのです。ですから、仕事がうまくいくかどうかが、どれだけ大事で重みを持つか……。生活費を稼ぐという目的だけでは割り切れない部分があったとしても、全く不思議ではありません。

そんな例ばかりではないにしても、人間関係で悩み、発展性のない業務でこき使われ、それに見合うだけの処遇がなされない。今後も改善の見込みがない。いつクビになるか分からない。起きている時間の半分、それも毎日がそんな状態だとすれば、とてつもないストレスです。

軽々しいことを言うべきではありませんが、凶悪な事件を引き起こした人たちが、仕事の面でうまくいっていなかったと報道される例が、このところ多いように感じます。仕事のあり方が、経済的な問題だけでなく、広い意味での生活の質を左右しかねないと言っても過言ではないでしょう。

Who 誰が：失業と非労働力状態

ここでいったん整理しておきましょう。世の中には、物理的に「働ける人」と「働けない人」が存在します。「働けない人」には、15歳に達していない子供に加えて、高齢者、病気療養中の人、障害を持つ人などが含まれます。その人たちは、誰かが扶養するか、公的な扶助を適用するなどして、働かないで済むようにしなければなりません。

「働ける人」には、単純に経済的な状況から「働かないで済む人」と「働かざるを得ない人」が含まれます。前者は少数ですが、この人たちだけが「働く」「働かない」の二つの選択肢を持ち得るわけです。例えば専業主婦は、夫に十分な収入がある「働かないで済む人」だからこそ、家事や育児、介護などに専念するために「働かない」という選択ができているということになります。後者は、選択の余地なく働かなければ生活できません。

そして、実際に「働く」「働かない」が決定されるのですが、数の上では、大多数が

「働ける人」で「働かざるを得ない人」だから「働く人」になっていると言えるでしょう。では、そういう人たちはどれくらいいるのか？

統計をとるためには、働いているかどうかを主軸にカウントするより他《ほか》はありません。でも、働いている人が「働かないで済む人」か「働かざるを得ない人」かはともかく、働いていない人に関して、「働かないで済む人」や「働けない人」が当然のごとく働いていないのと、「働かざるを得ない人」が働けていないのとは、区別せんかったらまずくない？　という懸念が生まれます。

これを区別するポイントは、**「働く意思や能力」**があるかどうかです。「働く意思や能力」がなくて働いていない場合は、「非労働力」状態にあると言います。つまり、統計上は労働力とは見なされないのです。逆に、「働く意思や能力」があって、働こうと努力しているのに働けていない場合は、「失業」状態にあると言います。

まとめてみましょう。「働く意思や能力」がある人を**「労働力人口」**、「働く意思や能力」がない人を**「非労働力人口」**と言います。「労働力人口」のうち、実際に働いている場合は**「就業」**状態、働いていない場合は**「失業」**状態ですし、これらに「非労働力

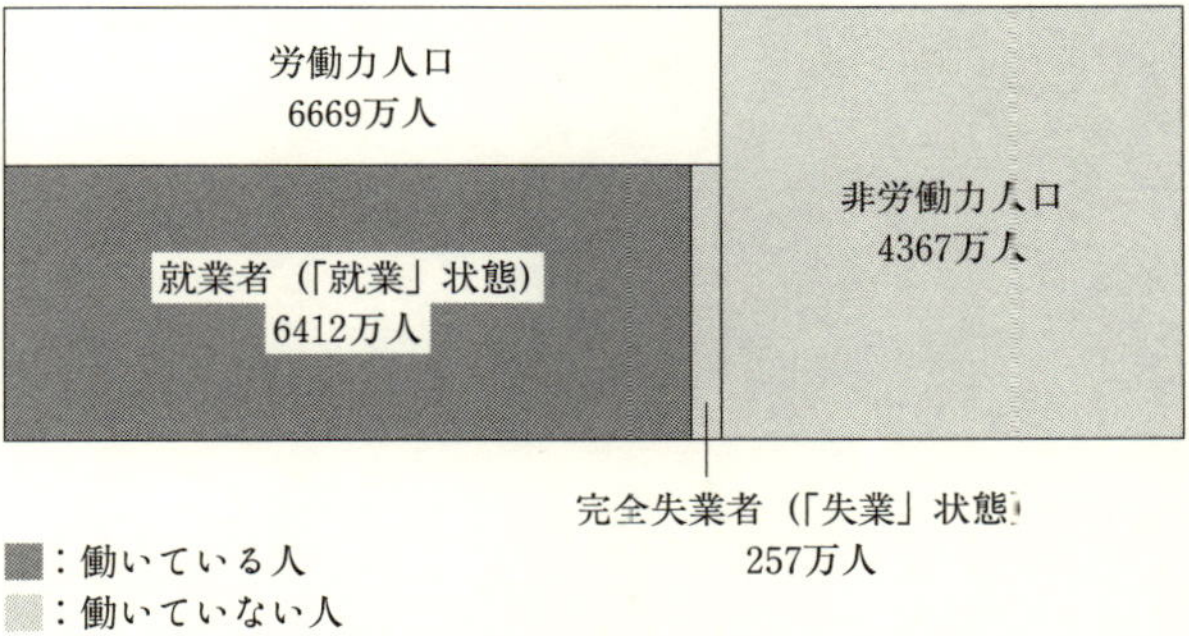

図表1　労働力人口と非労働力人口（2007年平均）

注）・就業者の6412万人には、従業上の地位について、雇用者＝5523万人、自営業主・家族従業者＝858万人、それにいずれか不詳の場合を含んでいる
・非労働力人口の4367万人には15歳未満を含んでいない

出典）『労働力調査』（総務省統計局、2007年）

人口」を足すと全体になります（図表1）。

労働市場における需要と供給のバランスを判断するのに、最も手っ取り早い指標の一つが**「失業率」**です。これは、「失業」状態にある人が、「働く意思や能力」がある人（＝労働力人口）に占める割合を示しています。日本の失業率って、どの程度の水準にあるのか知っていますか？

総務省統計局の『労働力調査』によると、1970年代半ばまでは1%台、その後1990年代前半までは2%台という低水準だったのが、徐々に上昇して2

002年にピークの5・4％を記録し、最新の2007年は3・9％となっています。ピークでも5％程度やったら大したことないやん、と一蹴《いっしゅう》されてしまいそうですが、ホンマにそうですか？

「失業率」にその年の「労働力人口」をかけて、失業者数を算出してみましょう。すると、2002年のピーク時には359万人、2007年には257万人が「失業」状態にあったことになります。前者は日本最大の地方自治体である横浜市、後者は第二の地方自治体である大阪《おおさか》市の総人口とほぼ同じです。横浜市あるいは大阪市の丸ごと全員が「失業」状態にあったのです。

その意味するところは、すぐにでも働ける状態で必死に仕事を探しているのに、それがどうしても叶《かな》わない人がそれだけ存在したということ。生活も逼迫《ひっぱく》し、明日食べるのにも事欠いているかもしれません。そんな切羽詰った人たちが200万人も300万人も存在することが、どれだけ社会を不安に陥れるか。消費税と同じだけの一見無味乾燥なパーセンテージではありますが、とても深刻で悲痛な実態が内包されています。

さらに、そのような厳しい環境が働く意思まで奪ってしまえば、その人たちは「非労働力」状態として「失業率」にカウントされなくなり、事実が覆い隠されてしまうのも大いに問題です。就職活動に失敗した人が、働くことを諦《あきら》めて専業主婦に落ち着いたり、再び学校に通い出したり、はたまたニートになってしまったり、というのが典型例でしょうか。

もちろん、何らかの生活のすべがあるからこそ「非労働力」状態に移行できるわけですが、後で触れるように、働かないで済む状況だからといって、働けなくてもいいということにはなりません。「働く意思や能力」のある人たちが、それを存分に生かすことができてこそ、社会に活力がもたらされるのは間違いないのですから。

Where & What どこで何を：無数の仕事や職業

5W2Hの当てはめで最も苦労したのが、このWhereとWhatです。どこで何をして働くのか、ということで、仕事や職業の種類について取り上げたいと思います。一体今、どれくらいの数の仕事や職業があるのでしょう。とにかくめっちゃありそう、カウントの仕方も一筋縄では行かなさそう、私自身も書いていてひるんでしまいそう、です。

手始めに、村上龍『13歳のハローワーク』（幻冬舎、2003年）を参考にしてみましょう。一大ブームとなったこの本は、やはり避けて通れません。ここで紹介されている仕事や職業は、514あるそうです。これは自分でカウントしてみたのではなく、藤原和博『「ビミョーな未来」をどう生きるか』（ちくまプリマー新書、2006年）に挙げられていた数値を拝借しました。こんな仕事や職業があるのか……と感嘆するばかりの一冊です。

次に、統計上の職業分類を見てみましょう。一つは総務省統計局による「日本標準職業分類」です。原形が1920年の第1回国勢調査で用いられた職業分類に遡《さかのぼ》るという歴史のあるもので、1960年の制定後4回の改訂を重ね、現在は1997年12月に改訂された分類が用いられています。詳しくは、総務省統計局のホームページを閲覧してみてください（URL http://www.stat.go.jp/index/seido/shokugyo/1top.htm）。

職業の定義に始まり、改訂によってどのような項目が新設、廃止、統合されたのかなどを丁寧に辿《たど》っていくと、時代背景がうかがえてなかなか面白いのですが、ここではあくまでも数に着目することにします。

現行の「日本標準職業分類」は、大分類10、中分類81、小分類364で構成されていて、あれ、そんなもん？　と一瞬思いました。絶対に網羅できていないぞ、と思っていた『13歳のハローワーク』の514よりも一段と少なかったからです。

ところが、ちゃんと見てみると、例えば大分類「A　専門的・技術的職業従事者」の中には20の中分類があり、さらに75の小分類があるのです（図表2）。その小分類の一つである「012　人文・社会科学系研究者」の内容例示として、哲学研究員、宗教研究員、史学研究員、史料研究員、歴史研究員、文学研究員、国語研究員、言語研究員、美術研究家、絵画研究員、心理学研究員、教育研究員、社会学研究員、法学研究員、経済学研究員、農業経済研究員、人口学研究員、商学研究員、経営学研究員と19もの職業名が並んでいます。

私はここに当てはまるのかな？　と思って書き出してはみたのですが、どうやら別に「156　大学教員」という小分類もあるようです。多分、私はこっちですね。いずれにしても、他の分類でも事態は変わらないので、カウントする気がすっかり萎《な》えてしまいました。

15　教員
151　幼稚園教員
152　小学校教員
153　中学校教員
154　高等学校教員
155　高等専門学校教員
156　大学教員
157　盲学校・ろう（聾）学校・養護学校教員
159　その他の教員
16　宗教家
161　宗教家
17　文芸家、記者、編集者
171　文芸家、著述家
172　記者、編集者
18　美術家、写真家、デザイナー
181　彫刻家
182　画家、書家
183　工芸美術家
184　デザイナー
185　写真家
19　音楽家、舞台芸術家
191　音楽家
192　舞踊家
193　俳優
194　演出家
195　演芸家
20　その他の専門的職業従事者
201　職業・教育カウンセラー
202　個人教師
203　職業スポーツ従事者
209　他に分類されない専門的職業従事者

以上、大分類「A　専門的・技術的職業従事者」に含まれる項目。
なお、大分類は全体で下記の10で構成されている。

A　専門的・技術的職業従事者
B　管理的職業従事者
C　事務従事者
D　販売従事者
E　サービス職業従事者
F　保安職業従事者
G　農林漁業作業者
H　運輸・通信従事者
I　生産工程・労務作業者
J　分類不能の職業

出典）総務省統計局ホームページ

図表2　日本標準職業分類（1997年12月改訂版）一部抜粋

大分類「A　専門的・技術的職業従事者」に含まれる「01〜20」までの中分類と、それぞれに含まれる小分類「011,012,021,...」を「分類番号　項目名」の順に並べる。

01　科学研究者
011　自然科学系研究者
012　人文・社会科学系研究者
02　農林水産業・食品技術者
021　農業技術者
022　畜産技術者
023　林業技術者
024　水産技術者
025　食品技術者
029　その他の農林水産業・食品技術者
03　機械・電気技術者
031　機械技術者
032　航空機技術者
033　造船技術者
034　電気技術者
035　電気通信技術者
036　原子力技術者
04　鉱工業技術者
（機械・電気技術者を除く）
041　金属製錬技術者
042　化学技術者
043　窯業技術者
049　その他の鉱工業技術者
05　建築・土木・測量技術者
051　建築技術者
052　土木技術者
053　測量技術者
06　情報処理技術者
061　システム・エンジニア
062　プログラマー
07　その他の技術者
079　他に分類されない技術者
08　医師、歯科医師、獣医師、薬剤師
081　医師
082　歯科医師
083　獣医師
084　薬剤師
09　保健師、助産師、看護師
091　保健師
092　助産師
093　看護師
10　医療技術者
101　診療放射線技師
102　臨床検査技師、衛生検査技師
103　理学療法士、作業療法士、視能訓練士
104　歯科衛生士
105　歯科技工士
11　その他の保健医療従事者
111　栄養士
112　あん摩マッサージ指圧師、はり師、きゅう師、柔道整復師
119　他に分類されない保健医療従事者
12　社会福祉専門職業従事者
121　福祉相談指導専門員
122　福祉施設指導専門員
123　保育士
124　福祉施設寮母・寮父
129　その他の社会福祉専門職業従事者
13　法務従事者
131　裁判官、検察官、弁護士
132　弁理士、司法書士
139　その他の法務従事者
14　経営専門職業従事者
141　公認会計士、税理士
142　社会保険労務士
149　その他の経営専門職業従事者

もう一つは厚生労働省による「労働省編職業分類」です。こちらはハローワークでの職業紹介や職業指導のために作成されました。１９５３年の制定後3回の改訂を重ね、現在は１９９９年11月に改訂された分類が用いられています。

「日本標準職業分類」との違いは、3階層ではなく、小分類の下にさらに細分類があるという4階層構造になっている点です。「日本標準職業分類」に依拠した大分類9、中分類80、小分類３７９に加えて、細分類２１６７で構成され、約2万８０００の職業名が収録されています（西澤弘『職業分類研究会報告』労働政策研究・研修機構資料シリーズNo.35・２００８年）。

以上から言えることは、仕事や職業の種類なんて、何をどこまで分類するかはケースバイケースですし、数もこれだけ変わってくるわけですから、とてもつかみきれるものではないということです。「はじめに」でも触れたように、**「○○になりたい」と言えるような仕事や職業はたかが知れていて、氷山の一角にしかすぎません。**理屈を言えば、**就くことのできる仕事や職業は無限に近く広がっています。**だから、「○○になりたい」に拘泥《こうでい》しすぎると、可能性を狭めてしまう恐れがなきにしもあらず、ということなのです。

とはいえ、将来を考えるにあたって3万近い職業をサーベイするなんて土台無理ですし、そんな必要があるとも思えません。日本の社会学者のグループが、1955年から10年ごとに実施している大規模な社会調査である「社会階層と社会移動（SSM）調査」では、200程度の職業分類を用いることで、格差や不平等についての十分な分析がなされています（図表3）。

『13歳のハローワーク』が示唆しているように、常日頃《つねひごろ》から視野に入れておくべきは数百レベルの仕事や職業、それでまず事足りるのではないでしょうか。

Why なぜ：人はお金のみにて働くるものにあらず？

この章の最初に、働かんで済むんだったらオッケーやん、と書きました。繰り返しになりますが、働くことの第一の目的は、生活費を稼ぐことです。だから、死ぬまで確実に困らないだけの資産があるのなら、何も無理して働かなくてもいいし、それはそれでOKということは納得してもらえるでしょう。

図表3　SSM職業分類（95年版）一部抜粋

1．専門的・技術的職業従事者
501　自然科学系研究者
502　人文科学系研究者
506　情報処理技術者
508　医師
517　裁判官、検察官、弁護士
521　小学校教員
522　中学校教員
523　高等学校教員
528　文芸家、著述家
531　デザイナー
534　俳優、舞踊家、演芸家
542　アナウンサー（ラジオ・テレビ）
…ほか計44種

2．管理的職業従事者
545　管理的公務員
546　国会議員
548　会社役員 …ほか計9種

3．事務的職業従事者
554　総務・企画事務員
555　受付・案内事務員
…ほか計12種

4．販売的職業従事者
566　小売店主
569　販売店員 …ほか計12種

5．サービス的職業従事者
579　理容師、美容師
581　料理人
582　給仕係
587　旅行・観光案内人
591　ファッションモデル
…ほか計15種

6．保安的職業従事者
593　自衛官
594　警察官、海上保安官、鉄道公安員 …ほか計6種

7．農林的職業従事者
599　農耕・養蚕作業者
601　畜産作業者
602　林業作業者
604　漁業作業者　…ほか計7種

8．運輸・通信従事者
607　自動車運転者
610　航空機操縦士、航空士、航空機関士
612　鉄道員
613　船員
617　電話交換手
618　郵便・電報外務員　…ほか計14種

9．採掘作業者
620　採鉱員、採炭員　…ほか計3種

10．窯業・土石製品・金属材料・化学製品製造作業者
625　ガラス・セメント製品製造作業者
627　製鉄工、製鋼工、精錬工
…ほか計7種

11．金属製品・機械製造作業者
632　金属溶接工
635　自動車組立工・整備工
…ほか計13種

12．その他の製品製造作業者
644　パン・菓子・めん類・豆腐製造工
651　洋服・和服仕立職
658　印刷・製本作業者　…ほか計30種

13．定置機関運転・建設機械運転・電気作業者
677　電気工事・電話工事作業者
…ほか計5種

14．建設作業者
678　土木・建築請負師
679　左官、とび職　…ほか計7種

15．労務作業者
687　清掃員　…ほか計4種

16．その他　…計12種

出典）『2005年SSM日本調査　コード・ブック』（2005年社会階層と社会移動調査研究会、2007年）

でも、それって Happy なのでしょうか。働くことに第二、第三の目的があるのなら、働かないで済む状況であっても、それらの目的のために働くこともあり得ますよね。世界に名だたる大富豪、マイクロソフト社のビル・ゲイツ氏でさえも、つい最近（2008年6月）まではフルタイムで働いていました。ビル・ゲイツ氏はいくらなんでも特殊やろ、というのであれば、身近な働く人に聞いてみてください。「宝くじで3億円当たったら仕事辞める？」って。

3億円という額がちょっとしたポイントです。新卒者として就職してから定年退職するまでに受け取る賃金（毎月の基本給や残業手当など決まって支給する現金給与、年間賞与）の総額のことを「生涯賃金」と言いますが、同一企業で一般労働者として60歳まで勤め上げた標準労働者の場合、退職金を除いて大卒男子で2億9000万円、大卒女子で2億6000万円と試算されています（『ユースフル労働統計——労働統計加工指標集』労働政策研究・研修機構、2008年）。3億円というのは、一生を通じてようやく稼ぐことのできる額に匹敵しているのです。

私だったら「辞めへんな、多分」と答えるでしょうね。生活費の心配さえなければ、すぐにでも引退したい気分になることはしょっちゅうありますが、心底辞めたいと思ったことは過去に1回くらいしかありません。授業のない夏休みなども、メリハリがなくてかえって調子を崩したりしています。自分のことを照らし合わせても、お金だけの問題じゃないんですよ、働くって。

じゃ、他に何の問題がある？　第二、第三の目的って何？　ということになりますが、これは正直難しい。仕事の何に価値を見出しているのかは人によってそれぞれでしょうし、簡単に測定したり、比較したりできるものでもありません。それでもなるべく客観的な検証を目指しつつ、沢山の人の意見に耳を傾けてみることにします。点描写で描く絵のように、数が集まることで何かしらの傾向が浮かび上がることを期待しましょう。

まず、財団法人社会経済生産性本部と社団法人日本経済青年協議会が、１９６９年度から継続的に実施している新入社員の「働くことの意識」調査を引いてみます（図表4）。

２００８年度の新入社員３８３３名を対象にした結果によると、就労意識として多くの人が「そう思う」と答えた項目の第1位は「仕事を通じて人間関係を広げていきた

図表４　平成20年度新入社員（3,833人）の「働くことの意識」調査結果（第40回）一部抜粋

就労意識のランキング（Q．11）

調査方法＝就労意識について13の質問文をあげ、四段階で答えてもらう。肯定的な回答（「そう思う」と「ややそう思う」）の合計％による順位付けは下記。

１位　仕事を通じて人間関係を広げていきたい（95.9％）
２位　社会や人から感謝される仕事がしたい（94.5％）
３位　どこでも通用する専門技能を身につけたい（92.6％）
４位　これからの時代は終身雇用ではないので、会社に甘える生活はできない（82.8％）
５位　高い役職につくために、少々の苦労はしても頑張る（80.5％）
６位　仕事を生きがいとしたい（73.8％）
７位　仕事をしていくうえで人間関係に不安を感じる（65.1％）
８位　面白い仕事であれば、収入が少なくても構わない（56.3％）
９位　いずれリストラされるのではないかと不安だ（39.8％）
10位　職場の上司、同僚が残業していても、自分の仕事が終わったら帰る（34.0％）
11位　仕事はお金を稼ぐための手段であって、面白いものではない（30.3％）
12位　いずれ会社が倒産したり破綻したりするのではないかと不安だ（22.1％）
13位　職場の同僚、上司、部下などとは勤務時間以外はつきあいたくない（20.4％）

重視する生活価値観（Q．30）

調査方法＝一般的な生活価値観について16の質問文をあげ、四段階で答えてもらう。肯定的な回答（「そう思う」「ややそう思う」）の合計％による順位付けは下記。

１位　人間関係では、先輩と後輩など上下のけじめをつけるのは大切なことだ（90.6％）
２位　将来の幸福のために、今は我慢が必要だ（85.0％）
３位　明るい気持ちで積極的に行動すれば、たいていのことは達成できる（84.6％）
４位　他人にどう思われようとも、自分らしく生きたい（83.2％）
５位　自分はいい時代に生まれたと思う（81.5％）
６位　すこし無理だと思われるくらいの目標をたてた方ががんばれる（74.9％）
７位　企業は経済的な利益よりも、環境保全を優先するべきだ（68.5％）
８位　あまり収入がよくなくても、やり甲斐のある仕事がしたい（55.3％）
９位　冒険をして大きな失敗をするよりも、堅実な生きほうをする方がいい（58.5％）
10位　たとえ経済的には恵まれなくても、気ままに楽しく暮らすほうがいい（58.3％）
11位　世の中、なにはともあれ目立ったほうが得だ（50.6％）
12位　自分と意見のあわない人とは、あまりつきあいたくない（48.1％）
13位　世の中は、いろいろな面で、今よりも昔のほうがよかった（48.1％）
14位　リーダーになって苦労するよりは、人にしたがっている方が気楽でいい（47.5％）
15位　世の中は、いろいろな面で今よりもよくなっていくだろう（42.9％）
16位　周囲の人と違うことはあまりしたくない（36.2％）

出典）財団法人社会経済生産性本部ホームページ

い」でした。次いで社会や人から感謝されたり、専門技能を身につけたりしたい、さらには「生きがい」というような項目も上位に挙がってきています。

それに対して、「仕事はお金を稼ぐための手段であって、面白いものではない」は第11位で、「面白い仕事であれば、収入が少なくても構わない」の第8位よりも下に位置しています。重視する生活価値観を尋ねる設問でも、「あまり収入がよくなくても、やり甲斐《がい》のある仕事がしたい」という項目を答えた人は少なくありません。

仕事は辛《つら》くて厳しい「マイナスの効用」をもたらすもの。その苦難に耐えるからこそお金がもらえるもの。それに対してレジャーは楽しくて心地いい「プラスの効用」をもたらすもの。経済学では、そもそもそういう前提で様々な分析を行っています。でも、仕事＝レジャーの人って、本当にいないものでしょうか。

脚本家の内館《うちだて》牧子さんの『愛しすぎたら愛は死ぬ』（世界文化社、２０００年）に、「仕事が趣味」というエッセイが掲載されています。仕事に打ち込む内館さんを心配する声に対して、「この際、カミングアウトするが、私は仕事がたぶん最大の趣味である。仕事が好きで、仕事が面白い。他人に強制されているわけではない。好きなのだ。趣味なのだから、思う存分やらせていただく。他人の気づかいは無用だ」と叫び返しています。

さらに、「仕事が趣味」という人に哀れみの目が向けられたり、役者が「舞台の上で死にたい」と言ったら讃《たた》えられるのに、会社員が「社員食堂で残業食を食べながら死にたい」と言えば笑われたりするのは差別だ!! とも書かれていて、思わず吹き出してしまいました。いるじゃないですか、仕事=レジャーの人が。内館さんだけがヘンな人、じゃないでしょう?

あるいは、またもやファンモード全開で恐縮ですが、織田裕二さん主演のドラマ『お金がない!』(フジテレビ、1994年)の第10話でも印象深い台詞《せりふ》がありました。幼い弟たちの面倒を見ながら、貧乏から脱却するために大企業で出世を目指す主人公に、渡米して大きな仕事をするチャンスが訪れます。しかしそのためには、弟たちとしばらく離れて暮らさなければならないのです。

そのことを詰《なじ》られた彼は、こう答えます。「違うんだよ。ロスに行くのはあいつらのためじゃないんだ。確かに、ユニバーサルに入った頃は、あいつらのため、お金のためって、そう思って仕事をしていた。でも今は違うんだ。一人の男として自分がどこまでやれるのか試してみたいんだ」。そんなのワガママだよ……という次のヒロインの台詞、隣で言ってみたかったですね（つい本音が）。

結局彼は、ロスでの仕事を成功させ、1年後に重役になって帰国します。お金には困らなくなったものの、仕事のダーティさと、それによって失うものの大きさに気づき、最後にはユニバーサルを辞めて自分で起業する道を選びます。「お金がない」ではなく「お金じゃない」選択です。貧乏に逆戻りしたって、彼にとってはベストの選択でした。

やりがい、自己実現、つながり、楽しみ、支え、愛着、使命、好き、喜び、責任、挑戦、そして自分にとっての天職、適職。人は恐らく、お金だけではない何かに突き動かされ、何かを得るために仕事をしているのです。「人はパンのみにて生くるものにあらず」（新約聖書マタイによる福音書）と言いますが、人はお金のみにて働くるものにあらず。同じ働くのなら、第二、第三の目的が豊かなほうが、Happy には近そうです。

ただし、それゆえに生じる陰の側面にも留意してください。新聞紙上にも、折り込みチラシにも、駅などに置いてあるフリーペーパーにも、毎日溢《あふ》れんばかりの求人広告が

らですよ。

掲載されていますが、失業者はいなくなりません。何で？　お金だけの問題じゃないか

How どのように：正規と非正規

どのように働くのか、という曖昧《あいまい》な問いを発したとすれば、昨今は「えっ、正社員かどうかってこと？」と問い返されるような気がします。テレビのドキュメンタリー番組などでも、「正社員になりたかった」「正社員の口を失いたくなかった」と語る人たちが飽きるほど特集されていますし。でも、正社員ってそんなに高嶺《たかね》の花でしたっけ？

正社員、つまり正規労働者（以下、正規）は、企業などで期間の定めなく定年まで長期に雇用される労働者です。それに対する概念が非正社員、つまり非正規労働者（以下、非正規）です。アルバイトやパート、派遣、契約、嘱託《しょくたく》労働者などがそうです。

日本は、正規と非正規の労働条件に格段の差がある上に、雇用者に占める非正規割合が近年増え続けていることもあって、極めて憂慮すべき問題としてとらえられています。データで確認してみましょうか。

『労働経済の分析』(厚生労働省、2008年)では、「1980年代以降、正規の職員・従業員の割合は減少傾向にあり、パート、派遣、契約社員等正規以外の職員・従業員の割合が増加している」と指摘され、1984年から2007年にかけて、正規84・7%→66・3%、非正規15・3%→33・7%と推移してきたことが示されています。

ただし、この傾向にも年齢や性別などによる差があります。例えば15~24歳の若年層では、少子化の影響による労働力人口の減少に伴って、正規の数自体は減少していますが、団塊《だんかい》の世代(1947~49年生まれ)と呼ばれる人たちの大量定年退職(いわゆる2007年問題)を受けて新卒採用が回復基調にあり、正規割合は逆に上昇に転じています。

その団塊の世代のジュニア層にも重なる少し年長の25~34歳になると、超氷河期真《ま》っ只中《ただなか》での就職を余儀なくされたこともあり、正規の数自体も、正規割合も、共に減少しています。ほぼこの世代を指して、「ロストジェネレーション(さまよう世代)」と名づけられたゆえんです(『ロストジェネレーション――さまよう2000万人』朝日新聞社、2007年)。また、女性は男性に比べて非正規割合が断然高く、35歳以上では半数以上が非正規です。

非正規で働く人たちが、望んでそのような働き方を選択しているとは限りません。『労働経済の分析』では、厚生労働省の『パートタイム総合実態調査』『就業形態の多様化に関する実態調査』を引用しながら、正規で働く機会に恵まれず、不本意ながら非正規で就業している人が4割以上に達し、正規への転職希望も増していることに言及しています。

ところで、どうしてそんなに非正規が増えたのでしょう。働く側にニーズがないわけではありません。主婦が家庭を優先しながら働きたいのであれば、やはりパートが好都合です。税金や社会保障の制度が、長らくそのような働き方を後押ししてきました。学生が勉学に支障のない範囲で働くのにも、若者が夢を叶えるための下積み生活の合間に働くのにも、非正規という働き方であれば融通がききます。

雇う側にとっても利益の大きい働き方です。賃金などのコストを抑えられる点については次節でも触れますが、何といっても正規に比べて解雇が容易で、いざというときの雇用の調整弁になります。

右肩上がりの経済成長が見込み難《にく》い今の日本では、予測不可能なリスクに対応するためにも、労働者全員を正規として抱え込むわけにはいかないのです。要《かなめ》となるポストに最低限の正規を配置する以外は「フリーター大歓迎」。これが雇う側の論理です。

しわ寄せは、どうしても非正規で働く人たちに向かいがちです。例えば雇用契約期間が1カ月に満たない短期派遣（いわゆる日雇い派遣）労働者については、原則禁止の方向で検討が進んでいますが、1カ月当たりの平均就労日数14日、平均月収13・3万円という劣悪な状況が報告されています（『日雇い派遣労働者の実体に関する調査結果報告書』厚生労働省、2007年）。

実態があまりにもひどい働き方を禁止することも一つの手立てですが、働き方そのものを否定するのではなく、そういう働き方でもひどくならないような方策を探ることが先決かもしれません。実態に即した法的規制の強化は考慮されてしかるべきだと思いますし、働く側も泣き寝入りせず、労働基準監督署などを通じて声を上げていくことが改善への第一歩になります。働き方の多様化は、否定されるべきことではないでしょうから。

How Much いくら：賃金のお話

働くことの第一の目的が生活費を稼ぐことである以上、いくら稼げるのか、つまり賃金が最も重要な関心事であることは論をまちません。働く側が主に経済的地位の向上を図って組織する労働組合の交渉目標も、最近は雇用確保が優先されているのかもしれませんが、本来は賃上げが中心です。さて、いよいよお金のお話に参りましょう。

皆さんは賃金がどのようにして決まるのか、賃金を決定する要因って何だと思いますか？　パッと挙げられるのは、年齢や勤続年数、学歴、性別、職種、職位、雇用形態、職場の規模、業績、能力、資格、などなど。言われてみたら、ああそうかという感じでしょう？　言い換えると、これらの要因によって賃金に差がつく、賃金格差が生じるということです。

真っ当な理由がないのに、自分の賃金が低かったら頭にきますよね。雇う側は、何らかのルールに則《のっと》って賃金制度を構築しますが、その中身が**「透明性」「公平性」「納得性」を満たしているかどうか**がポイントです。それって賃金に差がつく理由になりますか？　という問いに対して、合理的な回答ができなければ、まず働く側に受け入れてもらえませんし、追い追い機能不全を起こしてしまいます。

先に列記した要因に基づいて賃金を決定すれば、とりあえず「透明性」は確保されるとして、「公平性」「納得性」は満たされるでしょうか。例えば高卒者より大卒者の賃金のほうが高い、と。何で？　高卒者より大卒者のほうが仕事のパフォーマンスが高い、という事実があれば納得できますが、それって怪しくない？　仕事ができる高卒者も、仕事ができない大卒者も、別に珍しくないですよ。

それでも学歴で区別することに一定の合理性は存在します。これについては次章で、少し見方を変えて説明します。同じように他の要因についても考えてみてください。例えば正規で働く男性の賃金を100とすると、女性は70というデータがあります（『賃金構造基本統計調査』厚生労働省、2007年）。これって差別？

でも、女性は一般職での採用が多いし、役職者は少ないし、結婚や出産をきっかけに辞めてしまうこともあるし、仕事のパフォーマンスだってもしかしたら低いかも……という実情や憶測を踏まえると、「男女間賃金格差」として問題視されていることの本質が、そうすんなりとは見えてきません。賃金に差がつく理由が合理的かどうかを判定するのは、結構ややこしい問題なんです。

前節で触れた正規と非正規の場合はどうでしょう。同じ職場で働く正規と非正規で、仕事内容が全く同じというのはよくあることです。非正規の労働時間が短いというだけならば、賃金総額は労働時間が長い分正規のほうが高額でも、時給換算では同じじゃないと辻褄《つじつま》が合いません。専門的な表現を使うと、「同一価値労働同一賃金」という考え方です。でも、その他の処遇も含めて、実際のところそうはなっていないから、働く側としては黙っていられないんですね。

賃金が、シンプルに達成された業績に基づいて決定されるのが、一番公平で納得しやすいかもしれません。それに近い形としてよく引き合いに出されるのが、プロ野球選手の年俸でしょうか。シーズン中の成績と提示される年俸との関連は素人《しろうと》目にも明白ですが、この場合でさえ、他の要因も影響しているなということが、契約更改の席上でうかがえたりしますよね。

ましてや普通の職場だと、個人がどれだけの成果を上げたかを厳密に見分けることなど至難の業です。車の売り上げ台数やマンションの契約件数など、客観的指標が個人についで得られる例はごくわずかですから。事務作業にしても、管理業務にしても、仕事が複雑で、かつ細分化が進展していることもあいまって、その成果は数字で表し難く、どう職場の利益に貢献しているのかを評価する際には、一層の慎重さが求められます。

どんな仕事や職業がいくら稼げるのか、それぞれの要因による賃金格差はどの程度なのかなど、具体的な金額はビジネス雑誌やインターネットでも頻繁《ひんぱん》に特集していますし、学術的な関心に堪え得るデータを入手したければ、先述の厚生労働省の『賃金構造基本統計調査』があります。是非チェックしてみてください。表面的な数字だけではとてもとらえきれない、奥深い賃金ワールドを認識することで、また違った眺め方ができるはずです。

さあ、以上が「働く」ことの全体像です。近い将来、こういうことが待ち構えているんだな、こういう世界に入っていくんだな、という到達点が確認できたでしょうか。これらを見据えながら、次章では、教育を受ける立場にいる皆さん自身の現在位置から、ルート検索を開始します。

第2章　何のために勉強するのか——可能性を広げる教育

何で勉強せなアカンねん

前章では、「働く」ことの全体像を浮き彫りにしたつもりですが、どうでしょう、実感を持って読み進められましたか？　こんな聞き方をするのは他《ほか》でもない、大学で普段こういうことを教えていて、もう一つ手応《てごた》えがないからです。学生曰《いわ》く、「働いたことがないから分かりません」。

さて、この章では教育について議論していきます。こちらは現在、皆さんがそれを受ける立場にいますから、分からないとは言わせません。きっと色々と思うところがあるのではないでしょうか。とはいえ、確かに経験していないと本気でビックリしてしまうことってありますね。北京オリンピックで世界の注目を集めた中国を例に挙げてみます。

２００８年5月12日に、中国の四川省で大地震が発生しました。正確に把握しきれないほど被害は甚大で、死者は優に8万人を超えるとも言われています。今なお元の生活が取り戻せない数多くの被災者のことを思うと胸が痛みますが、そんな地震直後の、生きるか死ぬかという状況の中でも、若者たちが1カ月後に迫った大学受験に向けて、寝る間を惜しんで勉強していたのです。これには驚愕《きょうがく》しました。

家族が亡くなったり、行方不明になったり、家が全壊して避難所での生活を強いられたりしている若者たちばかりです。それなのに受験勉強？　何でそんな気になれるん？ニュースで目にした光景は信じられないものでした。

その少し前に、たまたま中国の学校を扱ったNHKのドキュメンタリー番組をいくつか観《み》ていました（『山の分校――中国・代用教員と子どもたち』2008年3月31日放送）。そこで描かれていたのは、貧しい内陸部の農村で懸命に勉強する子供たちの姿です。日本のように真新しい教科書やノート、筆記用具を手にすることなど叶《かな》わず、ボロボロになるまで使い込んでいました。

先生も、正式の教員免許を持たない「代用教員」と呼ばれる人たちです。その先生が、成績優秀な生徒にご褒美としてあげた小さな鉛筆削りが、他の生徒たちの羨望《せんぼう》の的になり、思わぬ争いの種になったりするのです。勉強したい、勉強して認められたい、豊かになりたい、家族を助けたいという気持ちが、画面からストレートに伝わってきて息苦しいほどでした。

子供に教育を受けさせる余裕など、本当はどの家庭にもありません。できれば働き手として、すぐにでも家計を支えて欲しいというのが実情です。でも、それでは永遠に貧困から脱却できない。だから、出稼ぎなどの無理を相当重ねてでも、心ある親は子供に勉強させて、将来への希望を託すのです。

中国という国は、大きいだけに地域によって事情が違いすぎて、共通項を見出すのが並大抵ではないのですが、2005年に上海市の日系企業で聞きとり調査をしたときに、大卒で高度な職務に従事している人と、工場などの生産現場で単純作業に従事している人の賃金格差が極めて大きかったことを覚えています。

前者が月収1万元を成功者の目安としているのに対して、後者はその10分の1程度の賃金水準に抑えられていました。さらなる中国進出を目論《もくろ》む外資系企業間での人材確保が激化し、物価上昇ともあいまって、賃金は絶え間なく上昇圧力にさらされているということでしたので、学歴をつけて都市部で働くことが、豊かな生活への近道であるということは自明の理なのです。

だから、子供は必死です。そういう親の気持ちが伝わりますし、自分の教育のために、どれだけ家族が犠牲を払っているかも分かります。また、出稼ぎに行く親と離れて暮らさなければならないのは淋《さび》しい。その境遇がバネになるのです。地震で家族が亡くなっても、家族が一番望んでいたことが何かを考えたら、受験勉強に打ち込まずにはいられないのでしょう。

同じ中国でも、一人っ子政策が浸透している都市部の富裕層になると、たった一人の子供に過大な期待をかけることによって、また全然異なった様相を呈していることは、想像するに難くありません。

今の日本は、というより皆さんはどうでしょう。「勉強は、誰《だれ》のためでもない、自分のためにするもの。嫌だったらしなくていい」なんて叱《しか》られた記憶は誰でもあると思いますが、そうやなあ、自分のためなんやし……と殊勝《しゅしょう》に反省したこと、私はあまりナイです。どうしても「やらされている」感が強いでしょう？　だから「何で勉強せなアカンねん」という言いぐさになる。それは、何不自由なく勉強できる国にいるからこそ、なのです。

この落差は、国全体の豊かさ、つまり経済発展の問題ということで片付けていいのでしょうか。もしかしたら、過去の日本にも「勉強が将来を一変させる」と素直に信じられ、親子共々強い思い入れを抱いて勉強した時期があったかもしれません。

確かに、中国は平均すると、日本とは比べものにならないくらい貧しい。経済発展の目安となる指標である一人当たり名目GDP（国内総生産）は、2006年時点で日本の3万4252ドルに対して中国は2055ドルであり、為替レートの影響は考慮しなければなりませんが、実に20倍近い開きがあります（『世界の統計』総務省統計局、2008年）。

北京オリンピックを開催した今の中国は、東京オリンピック（1964年）の頃《ころ》の日本とどこか重なり合って見えます。当時の日本は、高度経済成長期のど真ん中で、10％近い経済成長率を誇ってはいたものの、一人当たりGDPなどで見る経済活動の水準自体は、まだ低い位置にとどまっていました。

大学進学率も、日本に比べるとまだまだ低いようです。両国で比較可能なデータを示すのが難しいのですが、例えば大学などの高等教育在学者の人口千人当たりの人数は、2005年時点で日本の20~30人に対して中国は15人前後となっています（『教育指標の国際比較』文部科学省、2008年）。

このように中国は、国全体が発展途上にあり、伸びる余地がたっぷり残されています。「後発性の利益」という言い方をしますが、先に発展した国々からの恩恵を受けて、日本の高度経済成長期を凌駕《りょうが》するほどの、想像を絶する勢いで伸び盛りを迎えています。

外資系企業がどんどん進出しているのも、豊富な労働力に裏打ちされた世界の工場としての魅力だけではなく、巨大なマーケットとしても魅力があるからです。がんばればがんばるほど、目に見えて豊かになれる国が、今の中国なのです。

だから、中国の若者たちには「豊かになりたい」という強いハングリー精神が宿るし、大学進学者が少ないからこそ、大学を卒業することの価値も高い。日本の若者たちは（私も含めて）あらかた成熟を終えた国に生まれてきたのですから、もはやそういう環境にはないのです。なのに、何で勉強せなアカンわけ？　それは、この章を最後まで読んだ後に、もう一度自問自答してもらうことにしましょう。

高卒者より大卒者の賃金が高いワケ

今の日本では、少々勉強して大学に進学しようがしまいが、将来の生活は大して変わらない。特にがんばらなくても、そこそこの暮らしはできるし、むしろいい大学を出て、いい企業に入って、一生安定して暮らすなんていうことのほうが幻想だ！　と言われたりします。高校生が進路選択に向き合うときも、ええ就職口もあらへんし、とりあえず大学にでも行っとく？　という「でもしか」進学になっているかもしれません。

なぜ親や先生からは「大学は出ておきなさい」と言われるのか？　それは、大卒者のほうが高卒者よりも働く上で「一応は」有利だからです。その有利さの中身がまた色々とあるのですが、乱暴を承知でまとめるならば、**就職に際して門前払いをされるリスクが低いこと、労働条件のいい仕事や職業に就きやすいこと、そして賃金が高いことの三つ**です。

一つ目の、就職に際して門前払いをされるリスクが低いというのは、大卒以上が条件となっている仕事や職業があることからも分かります。前掲の『13歳のハローワーク』を広げてみても、「大学卒業後……」と記されている仕事や職業が目につきます。例えば医師や薬剤師などはそうですね。探してみたら、結構あると思いますよ。

厳格な条件ではないにせよ、「原則大卒じゃないと」「大卒が前提」という暗黙の了解がある場合は、大卒者でなければまずシャットアウトされてしまいます。一部の公務員試験のように、高卒者を対象としていて、大卒者が学歴を偽って受験したら不正行為になるというような例を除けば、高学歴のほうがより選択の幅が広いということは、容易に想定できるのではないでしょうか。

そして、「原則大卒じゃないと」「大卒が前提」という仕事や職業は、概して労働条件のいい、働く側に優しい仕事や職業であることが多いのです。あくまでも一般論ですが、便利な都会にあるキレイなオフィスビルの中で、ITツールを駆使しながらビジネスに勤《いそ》しむほうが、炎天下や寒風吹きすさぶ中で、立ちっぱなしで作業するよりは、身体への負担は軽いですよね。

極端な例を挙げれば、キツイ、キタナイ、キケンの3K職場という言い方がありますが、そういう過酷な環境の下で働くことが相対的に少ないのが「原則大卒じゃないと」「大卒が前提」という仕事や職業なのです。

前章でも触れたように、高卒者と大卒者では、大卒者のほうが高賃金です。学歴で賃金に差がつくのは理にかなっているのかどうかを、「教育経済学」と呼ばれる分野の二つの理論（「人的資本論」「シグナリング理論」）を基に考察してみましょう。

▼情報の非対称性と統計的差別

その前に、少しウォーミングアップのための寄り道をしますね。前章で説明したように、賃金というのは、その人が達成した業績に基づいて決定されるのが、一番公平で納得しやすいように思えますが、少なくとも雇う段階では、仕事でどれだけ高いパフォーマンスを発揮できそうかという「見込み」で判断しなければなりません。それをどうやって見抜けばいいのでしょう。

内定を目指して就職活動に臨むとき、ありのままの自分を見てもらおう！　と思いつつも、何気《なにげ》なくカッコつけてしまいませんか？　3年生の秋になると、学生が一斉に髪をカットして黒く染め直し、似たようなリクルートスーツを身にまとうのもその一環でしょう? アレ、一瞬誰なのか判別できなくて困るんですよね。

よそ行きのフルメイク顔になるのは、見た目だけではなく中身も同じです。面接の場では、全くできないし、一切関心のないようなことでも、「ちょっと苦手です」とか、「これから取り組んでみようと思っていました」とか、背伸びして答えてしまうわけです。

それに雇う側がごまかされてしまうことは、ある。十分あります。履歴書やエントリーシート、短時間の面接などでしか接点がないのですから無理もありません。ハッタリがきくかどうかも実力のうちですしね。

雇う側だってどっこいどっこいですよ。企業のパンフレットやホームページの内容も、デタラメではないでしょうけれど、相当厚化粧している様子がうかがえませんか(大学もそうです)。ここに入社したら、自分がすぐさま活躍の場を与えられて、自社の利益と発展に貢献できてしまうような、ビッグな空想に浸れるように作られています。

結局、お互いがお互いの情報を完全にはとらえ切れず、偏りが存在しているのです。

この状態を指して、「**情報の非対称性**」があると言います。これを何とかして克服しなければなりません。雇う側に注目してみましょう。一体どういう手立てを講じればいいのか。

最も単純なやり方は、ひたすらお金と時間と手間隙《てまひま》をかけて求職者を調べ尽くすことです。しかし、それでは通常全く採算が合いません。何十人、何百人と雇うためには、採用活動にかけられる費用に自《おの》ずと限界が生じます。

また、親しくしている友達でも「この人ってこんな面もあるのか」と見る目が変わることってありますよね。長い時間をかけて語り合ったり、経験を共有したりすることなしに、求職者の本当のところなど知ることはできません。何十人、何百人という求職者に対して、それを実行するのは物理的に不可能です。

そこで、**求職者の属性に関《かか》わる過去の平均値を手がかりにして見抜こうとします。**属性とは、その人に属する性質や特徴のことで、学歴なども含まれます。目の前の求職者本人については完全には把握できないけれど、もし大卒者であるならば、過去の大卒者が発揮した仕事のパフォーマンスから類推して、目の前の求職者についても「あの程度は働くだろうな」と判断するのです。

学歴を知るには、お金も時間も手間隙もかかりません。履歴書を提出させれば一目瞭然《りょうぜん》です。大卒者と高卒者で、過去においてかなり仕事のパフォーマンスが異なっていたのであれば、学歴を手がかりにするのはナイスアイディアです。この考え方を、「統計的差別」と言います。

もちろん、雇った中には、高卒者よりも仕事のできない大卒者が混じっていることもあるでしょう。さらに、高卒者というだけで、どれだけ仕事ができても門前払いされてしまいますから、雇う側としては大きな魚を逃してしまっている恐れが多々あります。

それでも、「統計的差別」が平均的に間違いの少ない判断になることは知られていますし、完璧《かんぺき》な情報を得るためには、膨大なお金と時間と手間隙が必要であることを考えると、雇う側は、それらを慎重に天秤《てんびん》にかけることによって、実際の採用活動を決定していると言えそうです。これで、ウォーミングアップは終わりました。この流れのままに理論に進んでいきましょう。

▼「チカラ」が身についたから：人的資本論

さて、第一の理論は「人的資本論」です。何かを生み出すために投入される元手となるものを「資本」と言いますよね。それは、原材料であったり、設備であったりしますが、それらの「資本」を増やす行為が「投資」です。この考え方を人に適用したのが**「人的資本（Human Capital）」**です。**人が身につけた知識や技能などのこと**をそう呼びます。**「人的資本」を増やす行為が「人的投資」**です。

ですので、皆さんは、日々学校で「人的投資」をしていることになります。教育や訓練によって、人は知識や技能などを身につけると考えられるからです。「教育投資」という言い方もしますね。学校に通うのに費やしたお金や時間、そして勉強する労力が「人的資本」を増やす行為（＝人的投資）ということになります。

つまり「人的資本論」に基づくと、**大卒者は、大学で学ぶことによって高卒者よりも人的資本が増大し、その分仕事で高いパフォーマンスが生み出せる。だから高賃金が得られる**という解釈になるわけです。実にまっとうな理屈のように聞こえます。

大学4年間で人的資本が増大するというのは、有形無形の様々な「チカラ」が身につくということ。「チカラ」については、第5章で詳しく述べますが、何らかの具体的な知識や技能に限定されません。例えば大学生活を通じて得られた人間関係（人的ネットワーク）などもそうです。これらが、社会に出てからどれだけ利用価値を持つことか。

私が博士論文を執筆したとき、「大学生の就職市場におけるOB・OG効果」をテーマの一つにしていました。自分の大学の卒業生（OB・OG）が沢山就職している企業には安定的に就職しやすい、というようなことをデータから明らかにしたのですが、在学中に面識がなくても、同じ大学出身というだけで距離がぐんと近くなるというのは、手軽なだけに貴重な「コネ（クション）」になり得ると言えます。

とはいえ、4年間をただボケッと過ごしただけでは、身につくものもつきません。日本の大学は、入学が難しくて卒業がラクというのが定説です。かつて「レジャーランド」と揶揄《やゆ》されたように、受験で精根尽き果てて、入学後は反動で遊び放題、それでも卒業できるということはままあります。

経済学では、「投資」に対する言葉は「消費」です。「投資」が利益を得るために行うのに対して、欲望を充足させるために行うのが「消費」です。その先に利益をはっきり見据えている中国では、教育が「投資」に位置づけられていることは明白ですが、日本ではどうでしょう。**教育がお金と時間を浪費するだけの「消費」になっていませんか？**

だとすると、人的資本は4年間で増えるどころか、下手をすれば減っているかもしれません。大学院への進学を決意した学生が、よく無邪気に嘆いていますよ。「大学受験の頃の英語力があれば……」って。おいおい、それは聞き捨てなりませんなあ。

それでも大卒者のほうが高賃金なのです。そんなんおかしいやん、と。もし大卒者の人的資本が4年間で減っていて、高卒者よりも仕事のパフォーマンスが低ければ、そのような過去の大卒者の平均値による「統計的差別」の結果、大卒者の評価は下がってくるはずなのですが、あまりそういう風には感じられませんよね。そこで、いよいよもう一つの理論の出番です。

▼もともと持つ「チカラ」が見分けられるから：シグナリング理論

第二の理論は「シグナリング理論」です。信号の「シグナル」をイメージしてみてください。大卒者ということが、何かを伝えるためのしるし、表示、合図になるということとです。この理論に関しては、偶然とても分かりやすい例に出会うことができました。

一昨夏、出張で北海道に2週間ほど滞在したときのことです。移動の飛行機の中で機内誌を手にしたら、養老孟司《ようろうたけし》さんの「学歴のブランドと受ける教育の中身は違うという事実」というエッセイが掲載されていました（『JALグループ機内誌 SKYWARD』2007年8月号）。実は、その機内誌を持って帰るのを忘れてしまい、タダで貰《もら》えるものを後からわざわざ購入する憂《う》き目《め》にあったのですが、それくらい興味深い内容だったのです。

エッセイの趣旨はこうでした。養老さんが勤めた東京大学医学部には、医師としての適性云々ではなく、偏差値の高い学生ばかりが集まってくる。しかし、医学部の役割は、普通の患者さんをまともに診察できる能力の養成にあるので、はっきりした目的意識を持たなかったり、理詰めでしか対処できなかったりする天下の秀才ばかりが集まってもらっても困る、と。

そこで一つの提案が示されます。「東大の入試に通ったら、合格証書を出すというのはどうだろう。〝東大なんとか学部〟という学歴のブランドだけが欲しいなら、一応入試に通る実力はあるよと、大学がお墨付きを出してやればすむのではないか。なにも4年間も辛抱してもらわなくていい。本当に何か勉強したい人は、大学に残ればいい」。

この提案が示唆しているのが「シグナリング理論」なのです。つまり大卒者が4年間で人的資本を増やしたかどうかにかかわらず、**大卒者ということが、入試を突破できるだけの「チカラ」を持っていることの「シグナル」になるので、その「シグナル」に基づいて雇う側は高賃金を設定する**ということになります。

だから、東大で勉強する気がないのに「東大に合格できる人」という「シグナル」だけが欲しくて受験する人には、その後我慢して在学してもらわなくても、お墨付きを出して他のことをしてもらったらいいじゃない、という理屈になるのですが、コレどう思いますか？　大学の存在が何だかとても軽々しい……と、ちょっと悲しくなりますけれど。

この理論のポイントは、まず雇う側が大卒者に高賃金を設定するというところにあります。その事実を知った高校生が思案するわけです。「大学に進学すれば高賃金が得られる。自分は結構成績もいい。よしがんばろう」あるいは「大学に進学すれば高賃金が得られる。でも自分ははっきり言って勉強が嫌いだし、成績も悪い。辛《つら》い思いをして勉強するくらいだったら、高賃金じゃなくてもいいや」。

その結果、自ずと「チカラ」を持つ生徒が大学進学を志し、そうでない生徒は諦《あきら》めるようになります。**大卒者かどうかというのは、そういう大学に入るまでの「チカラ」の「シグナル」として使われているだけということになるのです。**もともと持つ「チカラ」を見分けることが肝心で、大学入学後のことは不問でいいということなのですが、大卒者という「シグナル」を鵜呑《うの》みにしてしまうのも、最近では考えものです。

というのは、日本の場合、大学進学率が50％を超えてきていますので、一口に大卒者といっても出身大学によって入学難易度にかなりの開きが生じています。ですから、高卒者に対する大卒者という「シグナル」だけではもはや不十分で、大卒者の中でも学校歴（出身大学）に注目しなければなりません。だから「東大」のお墨付きという話になるのです。

さらに、次章以降で繰り返し取り上げるように、大学の入試制度も多様化していますので、利用した入試制度いかんでは、大卒者あるいは学校歴という「シグナル」が、もともと持つ「チカラ」の目安にならない場合もあります。例えば学力試験が課されない推薦入試を利用した人は、その人が発する大卒者あるいは学校歴の「シグナル」は、学力面に関しては弱いと見なされることになるでしょう。

言うまでもなく、「シグナル」はその人を100％伝えるものではありませんので、判断に失敗する恐れがあることは織り込み済みです。他にも、家庭の事情で大学進学を断念した人などは、いかに有能であっても何の「シグナル」も発信できず、就職市場でその存在をアピールできません。それは、その人だけでなく、雇う側にとっても大損です。

職務熱心な採用担当者であれば、大損は極力避けたいでしょうから、「シグナル」の至らない部分を補いながら、平均的に間違いの少ない判断をするべく「統計的差別」に利用することでしょう。「シグナリング理論」に基づく考え方では、あくまでもともと持っている「チカラ」を見分けることが先決ですから、出身大学のみならず出身高校までもが「シグナル」として意識されることもあるようです。

以上の理論に関しては、荒井一博さんの『学歴社会の法則――教育を経済学から見直す』（光文社新書、２００７年）などで、より詳しく、厳密に解説されています。もっと深く理解したい人は、是非参考にしてみてください。

選択肢を自分で減らさない

さて、今の日本でも、大学に進学することには、働く上で有利な状況を作り出すという意義があること。その有利さの一つである高賃金を説明するためには、「人的資本論」と「シグナリング理論」という二つの考え方があるということを述べてきました。この二つの考え方は、多分どちらも正しい。正しいというよりは、どちらも切り捨てられない。どちらの考え方も当てはまる要素があるなあ……という感じなのです。

たとえ大学で真面目《まじめ》に勉強しなかったとしても、全く何も身につかず、いわんや人的資本が減ったということは、あまり現実的な話とは思えません。先に触れたように、4年間の数々の経験や、それらを通じて得られた人間関係もまた立派な人的資本ですし、何はともあれ要件を満たして卒業できたわけですから、それなりの勉強（?）はしたんでしょうしね。

一時、学歴（学校歴?）不問の採用ということで、大学名を聞かない採用活動が話題にのぼったことがありました。１９９０年代初めのソニーの事例が、最もセンセーショナルだったでしょうか。出身大学という「シグナル」に頼らないで判断した結果、内定を得たのは圧倒的に有名大学出身者に偏っていたそうです。

雇う側が評価した「チカラ」が、もともと持っていたものなのか、大学で身につけたものなのかは定かではありませんが、出身大学が「シグナル」としては精度が高いことの証左とも言えそうです。

また、専門分野によっても二つの理論のウエイトは異なってきます。例えば大卒以上が条件になる例として挙げた医師や薬剤師は、大学で身につけた知識や技能が仕事に直結する分、「人的資本論」にウエイトがあるでしょう。

その一方で、私が勤める社会学部は、何となく「シグナリング理論」にウエイトがありそうな気がします。「チカラ」を身につけることを取り立てて意識しなければ、卒業必要単位を「近視眼的」にかき集めるだけの4年間にあっさり帰着してしまうからです。それを実証するのは難しいですし、そもそも実証されてしまうのは怖いんですけれどね。

「チカラ」を身につけることが期待でき、「シグナル」としても有用である大学は、単

に大卒者になるということだけでなく、どこの大学で、どういう「チカラ」を身につけるかというところまでを含めて、働く上で有利な状況を作り出していると言えるでしょう。

ここで、この章の本来のテーマに戻ります。何で勉強せなアカンわけ？　納得できる答えに辿《たど》り着《つ》けましたか？　日本はもう十分に豊かです。これ以上、豊かになることに貪欲《どんよく》になれというのもどうやら難しい。発展途上国のように、教育が生き抜くための最大の武器になる！　とも言い切れない側面があるのは否めません。

でも、働くことは生きることにつながり、生きることは働くことにつながる。「はじめに」でそう書きましたね。よりよく生きようと思ったら、働くことは大切にしなければ。働く上で有利な状況を作り出せるのだったら、その恵まれた自分の境遇を活《い》かしましょうよ。

そして、「シグナル」だけに頼らず、着実に「チカラ」を身につけることによって、先々自分が社会でどのような役割を果たすことができるのかを考えてください。自分にとっての利益だけでなく、社会にとっての利益も見据えながら「人的投資」をする。そうしなければ、教育を受ける機会に恵まれない人たちに顔向けできません。

それって厳しすぎる要求でしょうか。ゆるく、ダラダラと、最低限の生活ができればそれでいい。自分のことだけで精一杯。世の中のことなんて知ったこっちゃない。誰もがそんな風に思っている部分はあるでしょうし、それがダメだと一概に否定したいわけでもないのです。ただ、この本を手に取ってくれた皆さんの中には、そういう考え方の人は少ないと信じていますが……。

この章には、「可能性を広げる教育」というサブタイトルをつけましたが、教育を受けた結果、沢山の選択肢を得てしまうことによって、逆に迷いも生じやすくなります。責任転嫁《てんか》ができなくなるからです。「貧しくて大学に行けなかった」というほうが、迷いも少ないし、その後どんなに状況が悪くなっても、最後のところで「大学さえ出ていれば」という逃げ道を用意することができます。

それでも、自分で選択できる余地があるほうが、はるかに可能性を広げることになるのです。バリバリ生きることも、ゆるく生きることも、自分の意思で決定できるほうがいい。迷って、苦しんで、誰のせいにもできずに後悔することが増えても、自分の将来を自分で切《き》り拓《ひら》くことのできる幸せは、想像力を駆使して思い描かなければなりません。そうしたくてもできないことの悲しみを、味わわないで済んでいるのですから。

そこまでの切迫感がなくても、人生経験に乏しく、まだ深くは考えられていないない時期の浅薄な思い込みで、自分の可能性を狭めてしまうのは得策とは言えません。**「何で勉強せなアカンねん」とぼやきながらでも、選択肢を自分で減らすようなことはしない。**積極的に増やそうとしなくてもいいから、せめて減らさないようにする。豊かな中で麻《ま》痺《ひ》してしまっている「勉強できる贅沢《ぜいたく》さ」を、何が何でも実感してください。

最後に、「人的投資」などという世知辛《せちがら》い話ではなく、学ぶことそのものの喜びというのもあるでしょうね。物理学者のアインシュタイン（A. Einstein）の言葉に、“The more I learn, the more I realize I don't know. The more I realize I don't know, the more I want to learn.”（学べば学ぶほど、何も知らないということが分かるようになる。何も知らないと分かるようになるほど、もっと学びたくなる）というのがあるそうです。

私は、まだまだアインシュタインの境地には程遠いですが、皆さんが少しでもこういう喜びを感じられるように、一緒に学んでいければいいなと思っています。大学でお待ちしていますからね。

第3章　進路選択に向き合うとき

文科系か理科系か

前章では、なぜ皆さんが勉強しなければならないのか、勉強せなアカンというよりは、勉強しといたほうがエエで、ということを、なるべく筋道を立てて説明したつもりです。ガッテンしてもらえましたでしょうか。ガッテン、ガッテン。

引き続いてこの章では、高校3年間に的を絞って、進路選択を睨《にら》みながらの勉強の仕方について議論することにします。私がこれまでに研究してきた成果は、ここでふんだんに取り入れられそうです。ご期待あれ！

さて、実は次章で高校と大学の学び方の違いを徹底比較するつもりなのですが、中学校と高校の学び方を比べてみたら？　根本的には変わらないような気もしますが、無視できない違いが一つあります。義務教育である中学校では、卒業するまで全員がほぼ同じ内容を学ぶのに対して、高校では、人によって学ぶ内容が若干異なってくるということです。とはいえ、大学のように専門性が高まるというわけでは必ずしもありません。

工業高校、商業高校などの専門高校や英語科、理数科などの専門コースと、普通科高校のカリキュラムがもともと異なるのは言うまでもありません。さらに、普通科の中でも、どこかのタイミングで進学か就職か、進学ならば国公立大学か私立大学か、文科系か理科系か、などのコース選択を行い、それに見合った授業を受けることになります。なぜなら、この本が前提としている大学進学に際しては、受験に必要な科目が一様ではないからです。

国公立大学を目指そうか、私立大学一本に集中しようか、あるいは文科系の科目のほうが好き、理科系に向いているかも……とあれこれ考えたり、家族と相談したり、友達としゃべったりするのは、いかにも高校生！　という感じで大人びた気分になりますね。

近年増えている「中高一貫校」になると、中学生がコース選択をする可能性も出てきそうです。そのコース選択ですが、高校3年間ではどういうタイミングで行われるのでしょうか。

ついこの間のような20年（！）あまり前、私は「中高一貫校」の高校生でしたが、3年生になってやっと授業の選択ができるようになりました。当時の志望は国公立理科系でしたので、数学や理科の授業が若干増えたように記憶しています。ただそれまでは、間違いなく全員がほぼ同じ授業を受けていました。

そんなにガツガツ受験を意識させるような高校ではありませんでしたが、それでも高校生活も中盤に差し掛かると、自《おの》ずと志望する方向が固まってきます。にもかかわらず、私立文科系しか見えないという人でも、歯を食いしばって物理の授業でドップラー効果を計算していましたし、どう転んだって理科系という人でも、膨大な日本史の配布資料と格闘していました。それはそれで、高校の勉強というのは皆そんなもんだと、当時は疑問に思いませんでした。

選択する授業を決めたときのことです。国公立理科系志望であれば、数学や理科の授業を選択するのが当然だとは思っていましたが、それ以外の授業のほうが面白そうなんです。本音のところでは、先生の手作りプリントで進められる文科系向きの英語の授業に惹《ひ》かれていて、受けられる人たちが羨《うらや》ましかったのですが、仕方がないと諦《あきら》めました。

結局文科系に転じて経済学部を受験することになるんだったら、あの英語の授業が受けたかったなと今でも悔やまれます。

長々と思い出話をしてしまいましたが、要はこういうことなんです。私の場合は、高校の方針でコース選択のタイミングが遅く、「不要な」科目まで勉強することを強いられました。デメリットは明白です。受験には不利、ということです。

では、メリットはあったのか？　あったと思います。今なら自信を持ってそう言えます。でも、そのときは見えなかった。今でも「じゃ、具体的に羅列してみい」とまで言われたら返答に窮しそうですから、「近視眼的」ではまず見えません。

私自身の感慨を言葉で伝えるのにためらいもありますが、文法を教えてもらえないままひたすら英文を読んだこととか、化学の実験レポートを毎週のように提出したこととか、**「アンチ受験」としか言いようのない教育が、気づかぬうちに学ぶことそのものの幹を太らせていた**のかなと思うのです。次章で述べる大学での学び方とも相通じるものがありますが、**この幹が立派であれば、枝葉はいつでも自分で伸ばせる**ものなんですよ。

昔も今も、我が母校のようにのんびり構えた高校は基本的に少数派だと思います。では、昨今の多数派はどんな状況なのでしょう。この点について象徴的だったのが、2006年の秋に発覚した「未履修問題」です。高校の必修科目である世界史や情報、芸術、保健などが、他の科目に置き換えられていたことが次々に明るみに出た結果、受験間際の3年生が、卒業要件を満たすために補習やレポートを課されるなどの大変な騒ぎになりました。

この問題の背景には、「ゆとり教育」をうたった新学習指導要領（2003年4月施行）によって授業時間数が不足しているという事実があったことは否めません。だからこそ、高校は「近視眼的」に受験だけを視野に入れて、科目に優先順位をつけざるを得なかった部分があるのです。

「近視眼的」という表現をいい意味で使っていないのはもちろんですが、このような高校の決断にもメリットとデメリットがあります。メリットは明白です。受験には有利、ということとです。

デメリットはあったのか？　話の流れからいけば、幹を細らせた……と言いたいところ。しかし、残念ながらその実証は容易ではありません。各自が実感することがあるにしても、恐らく卒業後何年も経《た》ってからです。目先のメリットである「大学合格実績」の前では、先々の、それもあるかどうかも分からないデメリットなど物の数ではありません。

「大学合格実績」は、高校自体の成績表のようなものです。生徒募集にあたって、パンフレットやホームページで大々的にPRするのも「大学合格実績」です。そういえば、春先の週刊誌は、こぞって高校別の大学合格実績ランキングを特集しますね。現役合格や特定の大学、学部への合格に注目したランキングなど、様々な角度から評価された成績表が、世の中にさらされることになります。

「未履修問題」に続いて翌年発覚した「合格実績水増し問題」は、この成績表に下駄を履かせる意図が明らかでした。大学入試センター試験を利用する私立大学の入試では、独自の学力試験を課さないため、高校が受験料を負担して優秀な生徒に何十もの大学・学部を受験させていたという事例です。

この点から言うと、あまり「近視眼的」でない高校で学んだ私でさえも、受験への対応が自由な勉強を妨げるというデメリットを味わいました。さすがに、それはまあ目標達成に向けて、そうせざるを得ない努力だったとは思いますが、より「近視眼的」に受験と向き合うのであれば、早い時点でさっさとコース選択をして、不要な科目はさくさく捨てる。それが賢い勉強の仕方であることは認めざるを得ません。

不要な科目はさくさく捨てる

前節では、受験に不要な科目を捨て去っていくメカニズム(?)がどう機能するのかを解明しましたが、「未履修問題」の該当科目以外にも、受験に限って見れば不要な科目はあります。不要なわけないでしょ、と思われる英語、数学、国語、社会、理科の主要5科目を例に、より具体的に考えてみましょう。

国公立大学を目指すためには、これら主要5科目から成る大学入試センター試験を受けなければなりません。したがって、社会科の中で日本史を選択して世界史を捨てるという芸当はできますが、主要5科目のうち何かを捨て去ってしまうということは実質上困難です。

問題は、私立大学専願の場合です。私立大学の入試では3科目程度の受験が課されることが通例で、文科系では英語、国語に加えて数学か社会の選択、理科系では英語、数学、理科が一般的です。というわけで、予《あらかじ》め受験科目を決めてそれらの勉強に特化し、残りの科目を捨て去ってしまうことができるということになります。

もちろん甲子園やインターハイで優勝したら勉強せんでエエで、というルートもありますが、それは次章に譲るとして、大学が多様な学生を受け入れるべく多様な入試を実施することの陰の側面が、高校生の勉強の仕方に見事に表出してしまっています。

どういう大学・学部が最も多くの学生を受け入れているか知っていますか？『学校基本調査』（文部科学省、2008年）によると、学生数は国公立大学が約76万人、私立大学が約208万人であり、7割以上の学生が私立大学に在籍していることが分かります。また、分野別の構成比が、文科系60・1％、理科系27・3％、その他12・6％であることから、私立文科系の学生が大学生のマジョリティであると言えそうです。

私立文科系をひたすら狙《ねら》う高校生は、迷うことなく英語、国語ともう1科目の勉強に特化するという行動に出るはずです。最後の1科目は、次節で具体的な割合を例示しますが、往々にして社会です。だって文科系志望ですもん、数学よりも社会のほうが得意だったり、馴染《なじ》みやすかったり、複数の大学を併願する際につぶしがきいたりするでしょう？

かくして私立文科系の学生は、せっせと英語、国語、社会を勉強して、数学その他を捨て去ってきたわけです。そういう人たちが、日本の大学生のマジョリティなのです。

大学の授業なのに、Y＝aX＋bといった中学校で習っているはずの超シンプルな数式を板書しただけで目がうつろになってしまうのも宜《むべ》なるかな……。

とはいえ、そのような勉強が報われて無事合格し、文科系に進学すれば、入学後に英語、国語、社会以外の実力が問われることは、そう頻繁《ひんぱん》にはあるとは言えません。経済学部だけは、文科系を標榜《ひょうぼう》するのは「看板に偽りあり」だと常々思ってはいるのですが、それでも先生方が工夫を凝らして、数式を見つめるうつろな目に活を入れていることでしょう。大学4年間という「近視眼的」にも、たとえ社会に出たとしても、差し迫った問題などないようにも思えます。

そうかなあ、そうなんかなあ、これだけ大学の授業に差し障りがあるのに、ほっといてええんかなあ。やっぱ数学。少しでも数字が視界に入った瞬間に意識を失い、数学っぽい授業は避けまくっていて、卒業してからホンマに困らへんのかなあ。世の中数字だらけ、数学的なるモノが溢《あふ》れかえっている社会なのに……。

数学マスターし給与アップ？

前節のような問題意識（と心配）を共有した3名の先生方と一緒に、最初の大規模な調査票（アンケート）調査を実施したのが1999年から2000年にかけてのことでした。調査対象は、三つの私立大学の経済系学部出身者7287名で、回答が得られた2239名の年齢層は23～60歳と幅広く、男性が9割以上を占めていました。念を押すまでもないことですが、全員が私立文科系出身の社会人ということになります。

この調査を通じて検証したかったことは、高校生活の早い時点でさっさとコース選択をして、不要な科目をさくさく捨てることのデメリットです。この章の最初で、実証は容易ではないと書きました。確かに容易ではなかった。メチャクチャお金と時間と手間《てま》隙《ひま》がかかりました。

調査では、主に次のことを尋ねました。まず、どんな入試で合格したのか、大学入試センター試験（共通第一次学力試験、以下共通一次）は受けたか、受験科目は何だったか、大学での学業成績はどうだったか、そして今の年収がいくらで、どういう職位についているか、転職をした場合に年収や職位がどう変化したか。これらの設問を見渡して、私たち研究グループが頭の中で立てていた「仮説」が想像できますか？

私立文科系専願で、受験科目が英語、国語、社会であれば、まず数学は捨て去っていると予想されます。そういう人たちは、大学での勉強にも支障があり、それは学業成績に反映されているのではないか。さらに、社会人として仕事をこなしていく上でもマイナスの影響があり、それゆえ年収や職位が低く抑えられているのではないか、という「仮説」です。

数学を受験しているかどうかは、数学を捨て去っていないかどうかの指標になるだけで、数学の実力を直接測定しているわけではありません。数学が得意でも受験には不要だったり、不得意でも泣く泣く受験せざるを得なかったりすることはあります。でも、数学受験とその実力が全く関係ないというわけではありませんね。むしろかなり相関が強いはずです。

再度問題意識に立ち返って、「仮説」を精査してみましょう。話の発端は、高校における受験対策のための偏った勉強の仕方が何をもたらすのかを明らかにしたいということです。数学に注目したのは、私立文科系への進学者数が多いことから最も捨て去られやすい科目といえ、かつ捨て去られたかどうかが受験科目を尋ねることによって識別できるからです。

欲を言えば、純粋に数学の実力差によって、大学での学業成績や、社会人になってからの年収や職位に差が生じるかどうかまで検証できるのにこしたことはありません。社会人として数字を扱う能力や数学的な思考力が不可欠なのであれば、本当に数学の実力があるかどうかで、仕事などのパフォーマンスが変わってきそうです。

しかし、少なくとも捨て去った人より受験に向けて勉強した人のほうが、実力がついている可能性は高いでしょうし、そもそもそのような選択をできるようにしたのは大学の入試制度です。

また、学習指導要領を通じて現場からゆとりを奪っている行政（お役所）や、大学合格実績という「近視眼的」な成績表を重視する高校が、そのような選択に拍車を掛けています。そういう枠組みにはめ込まれ、競争させられる高校生も、だから「近視眼的」になるのです。

英語や国語も重要な科目には違いありませんが、これらはどこに進学するにしても捨て去ることは困難です。たとえ私立理科系で国語の受験が課されなかったとしても、日本語、つまり母国語である国語を捨て去ってしまうことなどできませんよね。

数学だけが（あえてつけ加えるなら理科もですが）あっさり捨て去ることができ、「近視眼的」に賢く捨て去った人たちが大学生のマジョリティになっているのです。数学を受験しているかどうかで分析するのは、そういう実態にメスを入れたかったから。もし仮説通りの結果が得られたら、それはそれで怖いと思っていました。

結果を紹介しましょう。案の定、**数学を受験した人**（回答者の約15％）**は、大学でも高い学業成績を上げ**（図表5）、**生涯にわたってより高い年収や職位を獲得し**（図表6）、**転職した場合も収入面で有利な条件に恵まれている**（図表7）**ことが分かりました。**共通一次が導入された後の若者世代（1983〜99年卒業生）に限定すると、数学を受験した人としなかった人では、年収にして約100万円の差がついています（図表6）。

図表 5　数学受験状況別就学パフォーマンス

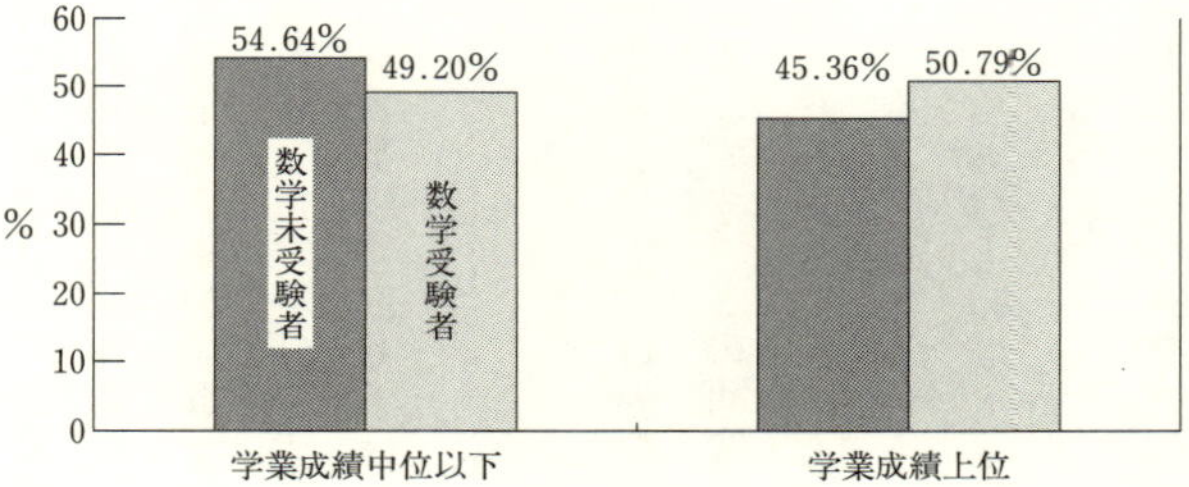

図表 6　数学受験状況別卒業年次別平均労働所得

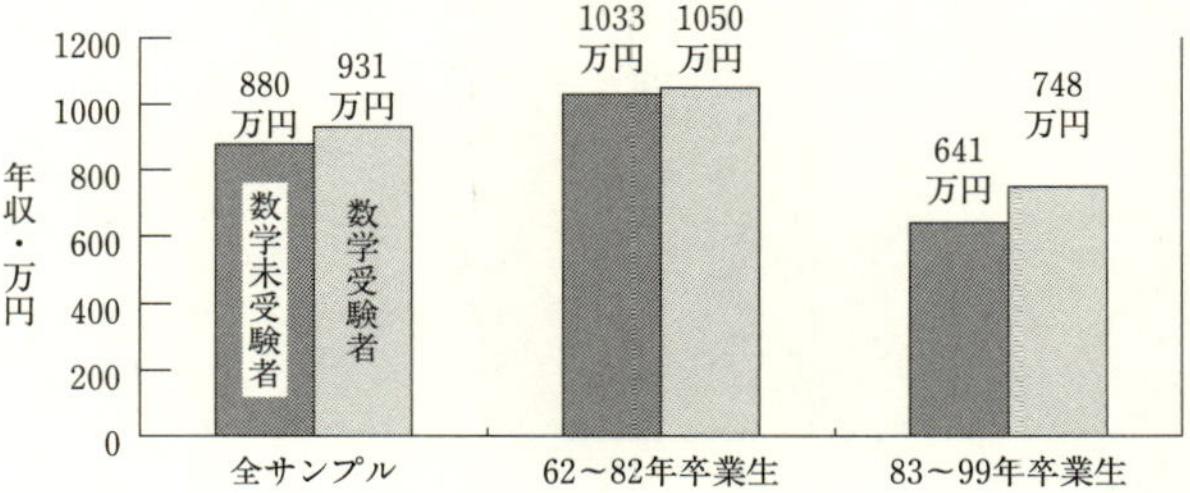

図表 7　数学受験状況別転職時収入変化

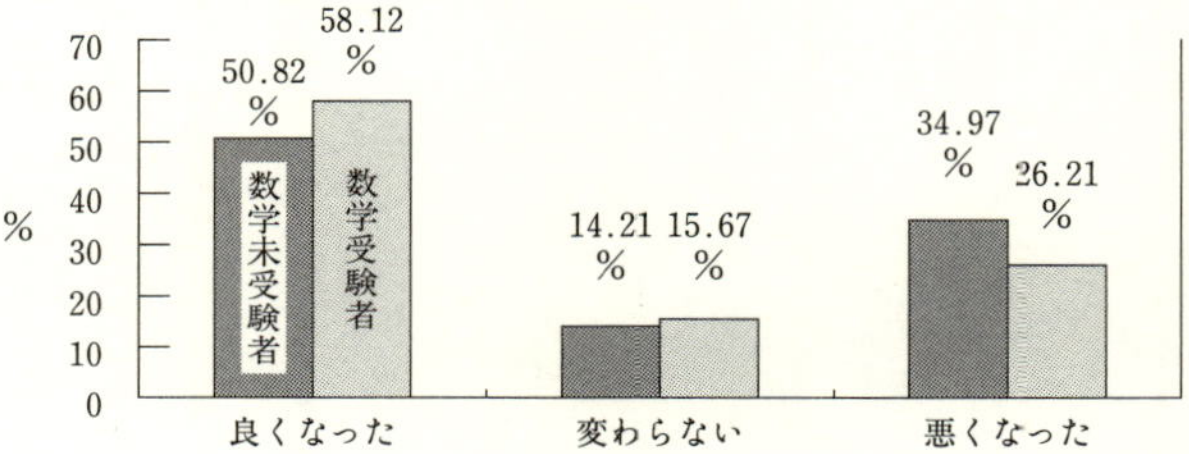

出典）浦坂純子・西村和雄・平田純一・八木匡「数学学習と大学教育・所得・昇進――「経済学部出身者の大学教育とキャリア形成に関する実態調査」に基づく実証分析」（『日本経済研究』日本経済研究センター、46号、2002年）

自分たちが導き出した結果ではありますが、その明快さには驚きました。

広く世の中に知ってもらおうと、さっそく新聞やテレビなどを通じて発信しました。地元の京都新聞が「数学マスターし給与アップ」と見出しをつけて、一番大きく報道してくれました。2001年の夏のことです。その後、忘れた頃《ころ》に「トリビアの泉」というテレビ番組で取り上げられたり（2006年2月22日放送）、『週刊ダイヤモンド』（2006年9月23日号）に掲載されたりもしました。さすがに今後はもうないと思いますが……。

研究者として、自分たちの研究成果が人々に関心を寄せてもらえることは、この上ない喜びです。この研究では、そういう得難い喜びを味わわせてもらいました。ですが、同時に戸惑いも覚えました。それは、メッセージが短絡的にしか伝わらない、正しく理解してもらえないということです。「数学受けたら年収が上がるねんて」と言われてしまうと、お金と時間と手間隙をかけたせっかくの研究が、途端に怪しげなものになってしまいます。

当時は、自分が担当していた授業でもよくこの研究を紹介しました。すると必ず「数学受けていないんですけど、もう終わっているんですか？」と質問しにくる学生がいるのです。終わっているという解釈しかできないんだったら終わっているよ……とつぶやくしかなかったのですが。「近視眼的」なスタンスにどっぷり浸《つ》かってしまっている好例です。

皆さんはどう感じたでしょう？　数学を捨て去らないで勉強することが、どのようなメカニズムで年収や職位に作用するのかをとことん解明したわけではありませんが、受験に不要だからといって、先々ずっと不要とは言い切れないということです。

それは、何も数学に限ったことではないはず。「近視眼的」に受験を最優先する偏った勉強の仕方と、それをもたらしている枠組みそのものを、高校、大学、行政（お役所）、そして皆さん自身が、もう一度きちんと見直すべきかもしれません。

なお、この研究については、谷岡一郎さんが『データはウソをつく――科学的な社会調査の方法』（ちくまプリマー新書、２００７年）の中で、残された課題を含めて丁寧に解説してくださっていますので、是非参考にしてみてください。

やっときゃよかった英数国

前節の調査に味を占めた（?）私たち研究グループは、2回目の調査を2000年から2001年にかけて実施しました。調査対象は、前回と同じ三つの私立大学の社会科学系学部出身者6000名で、回答が得られた1803名の年齢層は23~57歳、やはり男性が9割近くを占めていました。

この調査の目的は、前回の調査データから得られた結果を確認することが第一だったのですが、主観的な面にアプローチするために、新たに次のことを尋ねました。高校までの得意科目、現在までに役立った科目、自分の子供や孫など将来世代に熱心に勉強して欲しい科目。これらを主要5科目から答えてもらいました。さて、再び私たち研究グループの「仮説」が想像できますか?

数学がポイントになることが前回の調査データから見えたわけですが、数学というのはアレルギーの強い科目でもあり、「あんなもんはできんでも生きていける」と言われてしまう最右翼です。データが年収や職位などへの影響を確かに示しているのを目の当たりにしても、「数学は勉強していないが困っていない」「苦手な科目を無理に勉強しても身につかない」という反応になりがちでした。

本当にそう思っている？　実は後悔しているところがあるんじゃない？　というのが「仮説」です。すなわち、主観的にも「やっときゃよかった」を実感することがあるのではないか。それを調査であぶり出そうと企《たくら》みました。

ただし、無記名の調査だからといって取り繕いがないわけではありません。後悔を認めたくない気持ちもあるでしょう。また、捨て去ることなくちゃんと勉強し、実力が十分に備わっている人であれば、「やっときゃよかった」という後悔でなく、「やっててよかった」という実感になるはずです。

それらを識別するために、得意科目と不得意科目で実力を推し量り、そのデータに基づいて後の設問の回答を判断しました。自分の子供や孫など将来世代に熱心に勉強して欲しい科目を尋ねたのは、自分はともかく子供や孫には勉強させたいというところに本音が隠されているのでは？　と予想したからです。

この「仮説」に関しては、数学以外の科目でも面白い知見が得られるのではないかと期待していました。その結果ですが、調査対象が私立文科系出身の社会人ですから、やはり英語、国語、社会が得意科目で、数学、理科が不得意科目であるという傾向が見られました。そして、英語、数学、国語については、役立たなかったと答える人が少なかった。つまり**数学は、得意じゃないのに役立ったと答える人が目立った**ということです。これらを指標化したのが、「科目実用度係数」です（図表8）。

また、数学の場合は、得意であれば役立ったと評価し、さらに受験もしているというように、回答がお互いに関連する中で、得意であれば受験しているという相関が強く観察されました。得意であれば実力もあると見なすならば、前節で「数学受験とその実力が全く関係ないというわけではありませんね。むしろかなり相関が強いはずです」と述べたことにも説得力を与えますね。

さらに、自分自身の得意・不得意や役立った・役立たなかったの認識にかかわらず、子供や孫には、やはり英語、数学、国語を熱心に勉強して欲しいと希望していることが分かりました。**自分は捨てて去ってきたという人が多数派である中、英語や国語と同じく数学を！　という意識が高い**というストレートな結果には、してやったりという気持ち

図表8　科目実用度係数

	科目実用度係数 (役立った/得意)
英　　語	1.11 (893/ 805)
国　　語	1.36 (862/ 632)
数　　学	1.15 (552/ 480)
理　　科	0.40 (74/ 185)
社　　会	0.60 (654/1087)

注）当該科目を役立ったと思う科目に挙げるサンプル数と得意だった科目に挙げるサンプル数の比率を「科目実用度係数」とする。

図表9　科目重要度係数

	科目重要度係数 (将来世代に勉強してほしい/得意)
英　　語	1.76 (1417/ 805)
国　　語	1.18 (744/ 632)
数　　学	1.35 (649/ 480)
理　　科	0.79 (146/ 185)
社　　会	0.35 (380/1087)

注）当該科目を将来世代に熱心に勉強してほしいと思う科目に挙げるサンプル数と得意だった科目に挙げるサンプル数との比率を「科目重要度係数」とする。

出典）西村和雄・平田純一・八木匡・浦坂純子「基礎科目学習の所得形成への影響」（伊藤隆敏・西村和雄編『教育改革の経済学』日本経済新聞社、2003年）

になりました。これらを指標化したのが、「科目重要度係数」です（図表9）。

最後につけ加えると、数学（と英語）が得意だった人の年収が、他科目が得意だった人に比べて高く、特に共通一次が導入された後の若者世代でその傾向が際立っていました。数学との選択科目であり、受験者数が圧倒的に多い社会と平均年収を対比させると、社会が得意だった人の660万円に対して、数学が得意だった人は737万円であり、明らかに数学に軍配が上がっています。

人生の先達は、どうやら取り繕うことなく「やっときゃよかった英数国」とアドバイスしてくれているようです。皆さんはどう受け止めますか？

こういう大学を選ぼう

進路選択に向き合うにあたって、しっかり受験対策をすることを決して否定するものではありませんが、視線を少し先に、こころもち上げてみたら、受験だけを「近視眼的」に最優先した偏りのある勉強はそんなに得策じゃないよ、満遍《まんべん》なく基礎学力を養っておいたほうがいいよ、ということを縷々《るる》述べてきました。だって大学入学直後から、さっそく幹の太さが物を言い始めますからね。具体的に大学を選ぶ段になっても、その姿勢は共通するものです。

—「はじめに」では、「大学での学びの先に、社会人として「働く」存在となる自分を見出すことができたら、それが実現可能な大学に合格できるように精一杯努力する。それにこしたことはありません」と書きました。「ただ、結果的には、一番手近な「少しでも偏差値の高い大学」「つぶしのきく学部」という辺りに判断基準が帰着してしまいがちなのは否めません」とも。

現実問題としては、実力と偏差値のバランス以外にも、経済的な事情で国公立大学しかダメとか、自宅から通学できる範囲で、などの制約条件に縛られるかもしれません。有名人が通っていたり、「あそこで大学生活を送ってみたい！」と思える場所にキャンパスがあったりするなど（京都の大学はそれで得をしています）、憧《あこが》れの要素が先走ることもあるでしょう。

実のある大学選択はなかなかに難しいし、この時点での自分なりの判断基準が「この選択でよかった」という道に連なるのかどうかも、進んでみないと本当のところは分かりません。考えてもみなかった出会いや成長があるかもしれないし、興味や適性だってずっと変わらないわけじゃないでしょう？　どんな人でも死ぬまで未完成、未知なる可能性をどっさり抱えているんですものね。

だから、「こうだったらいいよね」という理想は理想として、その状態に一歩でも近づけたほうがそりゃいいですし、この時点での選択が大事であることにも変わりはないんですが、絶対ではない、100％ではない、ということ。決めつけてしまえることって、この先そうはないということ。それは、大学でどう学ぶのか、その学び方にも通じるスタンスです。

かくいう私も、志望していた国公立理科系に進学できず、将来の方向も自分の思い描いていた夢とはがらりと変わってしまいましたが、当時は自分のことが全く客観視できていませんでした。カミサマが「アンタはこっちや」と引《ひ》き摺《ず》ってくれてホンマに助かったなと、後から都合よく考えたり……。そういう風に軌道修正しながら、キャリアは築いていけるんだ、いや、築いていくものだと思うのです。

「こういう大学を選ぼう」なんて言えないよな、そんなセオリーないよな、と頭を抱えるしかない中で、それでもあえて指摘するならば、**専門分野はどうであれ、自分を磨くことのできる、成長させることのできる大学**、ということでしょうか。本当にいい大学とは、**自分で自分を伸ばしていけるだけの力を身につけさせてくれる大学**だと思うのです。

何だか抽象的ですよね。それをパンフレットやホームページ、各種受験情報誌、オープンキャンパスなどからどう判断しろと？　と質問されたら、正直とてもヨワイ。以下は私見ですので、あくまでも参考程度に聞いてください。

例えば入試制度のあり方、です。この章でも次章でもしつこく言及していますが、どういう入試を実施するかということは、その大学がどういう学生を求めているかということが端的に表れる部分です。それは、学生とどう向き合いたいか、どう教育したいか、どう扱いたいかということにも通じます。いいとか悪いとかではなく、大学のポリシーのようなものを見極めてください。

それから、インフラストラクチャーの整備は気にしてもいいと思います。力をつけるためには、図書館の文献や授業以外のプログラムの充実も欠かせません。単に揃《そろ》えているだけだったり、妙に面倒見がよかったりということではなくて、自分で行動しようと思ったときに心強いサポート、あくまでも「サポート」が得られるか、そういう観点からの整備がなされているかということです。

教育体制に関しては、自分の経験からも、学生教員比率が高い（一人の教員が担当する学生数が多い）とどうにも目が行き届かないな、という感覚は持っています。少人数教育が可能な環境に恵まれることには、やはり魅力がありますね。

また、これは自戒を込めることになりますが、研究が充実していないと教育も次第にやせ細ってくるように思います。大学は、教育機関であると同時に研究機関でもあります。世の中に資する研究を行うだけでなく、その研究内容が教科書となり、教材となるのが大学の教育なのです。

双方を充実させるのは本当にしんどいことで、容易ではありません。でも、それは肝に銘じて努力を続けなければ。研究の充実に関する指標は、どこの大学も積極的に公開しているはずです。

最後に、キャンパスを訪れてみましょう。オープンキャンパスでもいいですが、学生たちが行きかう普段着のキャンパスがおすすめです。学生食堂でランチして、オリジナルグッズを買い求め、携帯で記念撮影なんかしてみる。現場（?）に出て雰囲気を体感することから得られる情報は、とても豊かです。そして、何か「思い入れ」が見つけられるといいですね。受験勉強の息抜きやモチベーションアップとしても効果的ですよ、きっと。

第4章　学び方が変わる——大学入学準備講座

合格通知を受け取ったら

合格通知を受け取ったら、何しよう、何しよう……。ただひたすら、そのことだけを楽しみに受験生は勉強に集中します。妄想が妄想を呼び、もうはちきれんばかりです。車の免許を取りたい、バイトがしたい、卒業旅行に行きたい、思いっきり昼寝がしたい、ただただボケッとしたい。全部我慢して、勉強しているんやもんね。

一昔前は、掲示板に合格者の受験番号が貼り出され、その前で万歳三唱や胴上げなどが繰り広げられるのが恒例でした。ニュースなどで見慣れていますよね。今ではその光景も絶滅寸前で、郵送に加えてインターネットでの合格発表が出現し、パソコンの前で、一人しみじみと合格（不合格?）を噛《か》み締《し》めるのが主流になりつつあります。

こうして、めでたく受験生は緊張から解き放たれるわけですが、それっていつ頃《ごろ》になるのでしょう。そのタイミングは、利用する入試制度によって、実は結構開きがあるのです。同志社大学の例で見てみましょうか。

本学の入試は、外国人留学生や学内校、指定校、社会人などに対象を特定している制度を除くと、大きく分けて4種類あります。一般選抜入試（以下、一般入試）、大学入試センター試験を利用する入試（以下、センター利用入試）、推薦選抜入試（公募制）（以下、推薦入試）、そしてアドミッションズ・オフィス方式による入試（以下、AO入試）です。

私立の総合大学の場合、入試制度の種類としては、どこもこんな感じです。しかし、本学は、どちらかというと入口（入試制度）が少ないという印象を受験生に与えているかもしれません。というのは、各入試制度の中身が比較的単純だからです。

他大学に目を向けると、例えば一口に一般入試といっても、受験科目の組み合わせや配点を変えたり、試験日をずらしたりしながら、何度も何度も同じ学部を受験できるような配慮がなされています。受験生にとっては敗者復活のチャンスに恵まれるメリットがある反面、入試制度としては複雑極まりなく、理解するだけでも一苦労です。

その一般入試ですが、一番メジャーな「普通の入試」で、学力試験が課されるのはご承知の通りです。センター利用入試については、第3章の「合格実績水増し問題」のところで言及しましたね。推薦入試は、この中でも種類が色々とあるのですが、スポーツ推薦などが代表的です。

ＡＯ入試は、学力試験では評価できない多様な能力、大きな可能性を秘めている学生を全国各地から積極的に迎え入れることを目的とする入試で、日本では慶應《けいおう》義塾大学（湘南《しょうなん》藤沢キャンパス）が1990年に初めて取り入れたとされています。自己推薦入試と呼ばれていることからも分かるように、自分がアピールしたい一芸一能や、高校までの活動実績を中心に、自己紹介書、志望理由書、エッセイなどを作成して出願します。

それらに加えて、入試当日に課される小論文や、長時間にわたる綿密な面接に基づいて選抜されるのが一般的です。私立大学だけでなく、最近では国公立大学でも導入が進んでおり、文部科学省による「平成20年度国公立大学入学者選抜の概要」では、59大学（38・1％）での実施が確認されています。この辺りの経緯は、きっと皆さんのほうが詳しいでしょう。

各入試制度のウエイトは、大学によっても、また学部によっても異なりますが、やはり一般入試が主眼ではないでしょうか。本学社会学部を例に、それぞれの入学定員割合を算出すると、一般入試が約6割を占めることになります。センター利用入試、推薦入試、AO入試はいずれも5%前後で、残りは対象を特定している制度に割り当てられています。

次に、実施時期について見てみましょう。最も早い時期に実施されるのが推薦入試とAO入試で、秋口には出願し、10~11月には合格発表の運びとなります。特に優れたスポーツ選手の場合、9月には合格が決まる制度が、最近新たに設けられたりもしました。

一方、最も遅い時期に実施されるのがセンター利用入試で、3月に入ってから受験し、合否を待つことになります。一般入試がその前に位置しており、2月上旬に受験して、その月のうちに合格発表があります。とすると、**受験戦争の終結時期には、本学のことだけを考えても、最も早い人と最も遅い人とで半年近くのタイムラグがある**わけです。

これに国公立大学を併願して、最後の最後まで結果を待つような事態になると、合格発表即入学式ということになりかねません。大学側も、特に私立は、国公立の結果を待つ受験生の動向にはピリピリしています。新入生は、定員に対して多すぎても少なすぎても何かと問題があるんですね。3月になると、合格者のうち何人が入学手続きを終えたかというデータが日々更新され、それを眺めながら一喜一憂するのが年中行事になっています。

そういう意味では、お互いに「そら、はよ決めてしまたいわ」と思いますね。ギリギリまでドキドキしなくて済みますし、その後の予定も立てやすいし、反論の余地はなさそうです。だから大学側も推薦やAOの枠を広げるし、受験生の間でもそれらの人気が高まるのでしょう。

でも、合格発表即入学式は、春休みがなくてさすがに気の毒だとしても、合格してから入学するまでに半年近くも間が空くのは考えものです。これは、就職でも同じことです。就職になると、内定を得てから入社するまでに、半年どころか1年以上の間が空くことさえあります。

2000年頃から、**早い時期に合格が決まった生徒にどのような入学前教育をするか**という内容の議題が、教授会で取り上げられるようになりました。つまり、合格後はすっかり気が抜けて怠け放題になり、受験を控えた他の生徒たちの士気に悪い影響を与えるので、大学から「宿題」を出してもらえればありがたい。大学としても新入生のレベルが下がるのは困るでしょうから、という高校側の要望への対処なのでしょう。周りはどうであれ、自分のやるべきことに集中できるようになる。そういう能力こそ身につけて欲しいのに……と嘆かわしく思いながらも、この段階では大半の大学が、次に触れる「大学入学準備講座」などを用意したり、課題図書や学習内容を指定したりしているようです。

「大学入学準備講座」と称する試み

本学では、ここ数年、10月から12月にかけて「大学入学準備講座」と称する試みを実施しています。私はまだ担当したことはありませんが、全学部が必ず参加して、それぞれの専門分野から高校生に関心を寄せてもらえそうなトピックスを厳選し、90分間大学の授業と全く同じ形式で行います。いわゆる模擬授業の一環です。

模擬授業をする機会は、本学に限らず、やはりここ数年来、急速に増えてきているような気がします。中学校や高校がこの種のイベントを催して、他大学と一緒に出前授業を依頼される場合もありますし、「大学入学準備講座」のようにキャンパスに来てもらって、大学生気分を味わいながら聴講してもらう場合もあります。

イベントが盛り沢山のオープンキャンパスでは、なかなか時間が確保できないこともあって、30分程度の簡易バージョンで行うことが多いかもしれません。修学旅行などでキャンパス見学に訪れた高校生に、ついでに講義することもありますし、普通に大学生が受講している授業そのものを公開してしまうことすらあります。

これらの模擬授業は、入試説明会や大学・学部説明会に比べて、より深くその専門分野を知るための一歩進んだ形です。ですので、進路決定前の高校1〜2年生がメインターゲットにはなりますが、もちろん推薦入試やAO入試の合格者が、一足早く大学の授業を体験してモチベーションを高めるといった活用方法も十分に想定しています。本学のホームページでも、ちゃんと「大学における必要な学力レベルを教えるための特設授業」とうたっていますしね。

一方、課題図書を指定するというのもよくある試みで、本を読んで感想文のようなレポートを提出させるというのがありがちなパターンです。入学前の高校生にきめ細かく指導する態勢は整えられませんので、とにかく読んでもらって書いてもらう。もちろん、やらないよりはやるほうがいいには違いないのですよ。

少々斜に構えた物言いに聞こえたかもしれませんが、**「大学入学」に「準備」がいるというのは、実はその通り**なんです。なぜなら、**高校までと大学とでは、学び方が「激変」するから**です。「激変」という言葉は、決して大袈裟《おおげさ》ではありません。

高校までは教科書があって、文部科学省が定める学習指導要領に基づいた授業を受けます。大学受験には、暗記も不可欠です。英単語や構文を覚える、公式や解法を覚える、年代や人名を覚える、それも正確に丸ごと頭の中にインプットすることが求められます。

大学では、教科書のたぐいを利用することもありますが、これを覚えておけば正解ということが極端に少なくなります。特に文科系の学部ではそうです。先生だって常に正しいとは限りません、と言ってしまうと若干語弊がありますが、同じ現象を見ているのに、全く別の解釈が並存することも平気であるのです。

専門分野による違いは大きいかもしれません。私が研究対象としている雇用や労働は、オーソドックスな専門分野で言うと、経済学でも、社会学でも、教育学でも、法学でも、経営学でも扱われています（恐らくもっと多くの分野で扱われています）。そして、専門分野によって光の当て方が相当異なるのです。

例えば「フリーター」の問題一つ取り上げてみても、経済学では労働市場における需要と供給のバランスから議論を始めるところを、社会学ではどういう人が「フリーター」になってしまうのかという点にまず関心が寄せられたり、法学では働き方の違法性と「フリーター」の法的保護を第一に話題にしたりします。そして、それぞれの立場からの分析や主張がなされるのです。

同じ問題を考えているのに、問題の根っこは同じはずなのに、結論が相容《あいい》れないことも多々あります。どれが正解ということではなく、光の当て方によって正解が変わるということ。それだけ世の中は混沌《こんとん》としていて、目に見える現象の背後には複合的な要因が横たわっているのだと言えそうです。

時代の流れによる変化も無視できません。高度に発達した社会では、想像を絶するスピードで変化が進展します。うろ覚えなのですが、私が初めてナマで携帯電話を使う人を見たのが、多分1990年代前半、学生時代でした。こんなハイパーなものは一生縁がないやろと思っていたのですが、ここまで大衆化するとは……。そういえば、修士論文まではワープロ専用機で書いていましたっけ。ついこの間のはずだったのに、今やパソコンがなくては夜も日もあけません。

それはともかく、変化が速すぎて、たった数年前、ことによると1年前の知見でさえも役に立たなくなることは日常茶飯事です。第2章で少し触れましたが、研究者として駆け出しの頃のテーマ、「大学生の就職市場」がそうでした。私が就職活動をするはずだった1991年は、まだバブルの余波で売り手市場でした。最初に紹介した映画『就職戦線異状なし』の世界そのものです。

経済学部でしたから、同級生たちの多くは早々と大手金融機関に内定し、残り少ない大学生活をエンジョイしていました。それを横目で見ながら大学院受験の勉強をする私もツライものがありましたが、たった1年違いで一気にバブル崩壊による超氷河期に突入してしまった下級生たちも、随分と理不尽な思いに苛《さいな》まれたでしょう。

このように、大学生になると、既存の知識を丸呑《まるの》みしてなぞるだけでは到底太刀《たち》打ちできません。**何が問題で、何が分かっていて、何が分かっていないのか。時代の流れに**

よる変化を見据えながら、それらを自分の頭と足を使って見出し、掘り下げ、論じていかなければならないからです。これが「激変」の意味するところです。

本来、学び方に「激変」などということがあってはならないように思うのです。そういうリスクは、高校までの教育ではあまり考慮されていないのでしょうか。受験勉強は受験勉強として、それ以外の部分で膨らみのある学び方をしていれば、大学入学後に「激変」なんていうことにはならないのに。「ゆとり教育」が目指しているのはそういうことで、「総合的な学習の時間」はそのためのものだと信じていました。

でもどうやら、そうではなかったようです。少なくとも、実を結んではいないようです。新入生の大半は「激変」に翻弄《ほんろう》されているようにしか見えず、改めて「近視眼的」な行動の弊害を憂慮せずにはいられません。

大学生っぽい思考プロセス

ということで、ここで私なりの「大学入学準備講座」を開講してみようかと思います。

何も難しいことはありません。準備も道具も要りません。日常生活を通じてちょっとだけ意識を高め、頭の中でトレーニングするだけです。でも、めっちゃ実践的だと自負しています。

実習に移る前に、頭のスイッチを切り替えておきましょう。**受け身ではない、自分で知を深めていく、大学生っぽい思考プロセスを踏めるように**、です。この準備講座では、入学後の専門分野は問いません。これは前にもお話しした通りです。

さて、大学生はまず**「問題意識」**が問われます。デジタル大辞泉によると、「問題意識」とは「ある事態などに対し、その重要性を見抜いて、主体的に関《かか》わり合おうとする心の持ち方。また、その内容」ということです。つまり、これから思考し、研究につなげられるようなネタを探し、どうしてそれがネタになり得るのかという点を常に認識していることだと解釈していいでしょう。

このネタは、もちろん自分の興味の赴くまま、どんなものでも構いません、と言いたいところなのですが、私自身は一つだけ肝に銘じていることがあります。それは、興味本位ではなく、自分の研究が社会のニーズに応《こた》えられるか、自分の研究成果を踏まえて社会に有益なメッセージが発信できるか、ということ。広くは社会科学と呼ばれる分野で、社会全般を研究対象としていますから、余計に強く意識するのかもしれません。ネタを探せ！　と言われて困るのは、お笑い芸人だけじゃないですよ。頭のスイッチを切り替え損ねている大学生も非常に苦労しています。自分が一番関心あること、これってどうなってるんやろと思うこと、おかしいんちゃうんと思うこと、などなど。さんざん誘導するのですが、脂汗《あぶらあせ》を流すばかりです。

自分が一番関心あることって何？　というしつこい問いかけで、ようやく出てくるのがタバコ、コンビニ、ゲーム、音楽……（全《すべ》て実話）。そんなタイトルの本がありましたが（岸本裕紀子『なぜ若者は「半径1m以内」で生活したがるのか？』講談社＋α新書、2007年）、どれもこれも半径1m以内の話ばっかりやん。もっと広く世の中に目を向けんかい！　と思いますが、ひとまずネタとしてはよしとしましょう。しかし、まだ「問題意識」にはなっていませんね。

タバコが何なん？　コンビニをネタにしてどないするん？　と即座に問われます。そこで若干「世の中」に軸足を移して考えをめぐらせると、タバコの健康被害とか、若年喫煙者の増加とか、1箱いくらにすれば禁煙が進むかとか、はたまた24時間営業における環境負荷とか、フランチャイズ店長の過重労働とか、そんなことを思いつきますね。

うん、悪くはありません。新聞やテレビなどでも取り上げられたホットなトピックスですし、世間の関心も高い。でも、大学の教室では「それで？」と言われるだけで、評価されるところまでは至りません。そこで言葉に詰まったりした日には、「構想3分の問題意識を持ってこないように」と追い討ちをかけられます。「問題意識」の構築は、この「それで？」という問いの連続の、そのまた先にしか見えてこないものなのです。

「構想3分」のバリエーションとして、「構想電車の中」とか「構想一瞬」とか言い放つこともあります。単なる思いつきという意味ですね。そして残念ながら、私たちがふと思いつくような「問題意識」は、誰《だれ》もが思いついていて、すでにしっかり考察されてしまっていることがほとんどなのです。

だから、思いつきは大切だけれど、すぐに次のステップに進まなければなりません。「誰か調べてへんかな？」あるいは「どこまで分かってるんやろ？」です。先人の努力に敬意を表し、その成果はきちんと踏まえた上で、そこを自分のスタートラインとする。その先が自分の走るべきレーンです。

具体的な方法としては、関連する資料を参照することです。本でもいいし、雑誌でもいいし、新聞でも、テレビでも、インターネットでも、関係者に直接聞いてみることも有効です。言うまでもなく、大学ではこの点に関しても厳密なプロセスを要求しますが、今は準備講座の段階なので、色々と当ってみるという感じでOKです。

その結果、自分の思いつきに手《て》垢《あか》がついていたことを痛感するかもしれないし、誰も論じていない！　と逆に自信を深めるかもしれません。当初の思いつきが却下されたとしても、資料を勉強することによって、その問題に関する現状把握ができ、新たな思いつきが生まれることもあります。「問題意識」に昇華させる可能性だって高まるでしょうし、その後の探究の方法が参考になることもあるでしょう。

そうなればしめたものです。後はその「問題意識」に即して思考や研究を深めていくだけです。そして最終的には、自分の思考プロセスを周囲と共有して、その成果を社会に向けてフィードバックできるようにする。大学でみっちり学ぶことを前提に、**まずはネタ探し、思いつき、「問題意識」への昇華というステップアップ**をリハーサルしてみましょう。

学び方をリハーサルしてみよう

ネタはそこら中に落ちている、というのが私の信念です。ただし、それがダイヤモンドの原石だと見抜いて拾ってくるのには、何かしらの嗅覚《きゅうかく》というか、センスがいるかもしれません。センスというのは一朝一夕に身につくものではなく、どれだけがんばっても「センス悪いなあ」と言われてしまう人もいます。とらえどころがないですよね。

「センス・オブ・ワンダー（Sense of Wonder）」という言葉があります。『沈黙の春（Silent Spring）』の著者であるレイチェル・カーソンの作品名として有名で、2001年には映画化もされました。「神秘さや不思議さに目を見張る感性」と訳されていますが、自然に対してだけでなく、人間に対しても、社会に対しても、みずみずしい好奇心を持って対峙《たいじ》すること、そこにセンスを磨くヒントが隠されているのではないでしょうか。

では、実習に移りましょう。今、私は研究室のデスクでパソコンを叩《たた》いていますが、その横には読《よ》み止《さ》しの新聞が積み上がっています。新聞って隅々まで読もうとするといくら時間があっても足りません。おまけに、ちょっと油断するとすぐに溜《た》まってしまって……。

それでも一通りチェックしなければ気が済まない記事や連載があって、読者投稿欄もそのうちの一つです。かつて、かなり気合を入れて投稿した力作(?)が、あえなく不採用になって以来、ここに載るってすごいなあと、少しばかりイタイ気持ちを抱えながらも、毎日楽しみに読んでいます。

手元の新聞では、投稿者に関する情報として、住所、氏名、年齢、職業が記載されています。私の投稿がもし採用されていたら、これらの情報はどう記載されるのでしょう。住所、氏名、年齢はどうしようもありません。問題は職業です。「教員」でしょうか。それとも「研究者」「学者」、ストレートに「大学准教授」、「大学教員」でもいけそうです。

こうした視線で眺めてみると、いくつもの疑問が生じてきます。ある日の場合、「会社員」「パート」「中学教員」「無職」「青果商」「主婦」「美容師」の皆さんの投稿が並んでいました。でも、「パート」は「会社員」と称しても全然おかしくないですし、「主婦」は「無職」という見方もできます。「中学教員」は公務員で、「青果商」や「美容師」は自営業かもしれません。では、なぜその肩書きに落ち着いたのか。

恐らく、新聞社にある程度のガイドラインが存在するのでしょう。さらに、投稿者の希望もあると思います。両者をすり合わせた上で、投稿者の属性が最もよく伝わるような肩書きが選ばれているのではないか、と。例えば投稿者本人は公務員と書いていても、実際は中学校の先生で、投稿内容が教育に関わることだったら、それは「中学教員」と示したほうが、読者にとって親切ではないかという判断に至るということです。

そのような判断基準は、時代によっても変わってきているはずです。今ではすっかり定着している「フリーター」も、20～30年前の読者投稿欄には出てくるはずもありません。この呼称は、1987年にリクルート社のアルバイト情報誌『フロム・エー』の編集長が考案したとされていますので、そこで新たな職業（?）が誕生したわけです。ただし、年齢にも注意。34歳までだったらいいのですが、45歳で「フリーター」だったら、どうしてそうなった?　と考える余地が残されます。

なぜなら、「フリーター」という存在が取《と》り沙汰《ざた》されるにしたがって、実態を明らかにするべく行政が定義づけを行ったわけですが、官庁によって多少の違いはあるものの、15歳から34歳までの若者に対する呼称であると定めている点では共通しているからです。

新聞社が定義を疎《おろそ》かにするということはないでしょうから、あえて45歳の人に「フリーター」という肩書きを与えているのであれば、その背景として様々な可能性が考えられます。例えば20代、30代の頃からずっと「フリーター」を続けてきた人であるとか。「フリーター」の高齢化問題というまた別の、新たな視点を得ることにつながります。

同じ職業でも呼び方が変わることってありますね。法律上呼称が変更になった「看護婦→看護師」などもそうですが（2001年に「保健婦助産婦看護婦法」から「保健師助産師看護師法」へ改正）、例えば「女医」などは、もはやとても使い辛《づら》くなってしまいましたが、かつては普通に登場していたかもしれません。

新聞社によるガイドラインの差異がもし存在するならば、それも興味深い論点です。どこが違うのかを丁寧に比較することによって、それぞれの新聞社の報道スタンスを垣《かい》間《ま》見ることができそうです。各新聞の職業表記について、一定期間データを集めることである程度傾向が見通せるでしょうし、新聞社にその旨問い合わせてみるという手もあります。

準備万端整えて

こんな感じで、とめどなく思考は広がっていきます。職業表記から始まって、いつの間にか歴史やジェンダー、メディアなどの分野にまで踏み込んでしまいました。準備講座だからといって、そろそろこの辺で打ち止めに、ということにはしたくありません。

けれど、この先を進めようと思ったら、そのためのお作法を一度徹底的に学ばなければ。まず「誰か調べてへんかな？」「どこまで分かってるんやろ？」を解明しなければなりませんが、そのための資料収集を！　と意気込んでも、そう簡単にコトは進まないでしょう。**どんな資料がいいのか、どうやって探すのか、そしてスタートラインが決まったら、今度は自分がどういうスタイルで走るのか、学ぶべきことは山積みです。**

できるところまで試行錯誤をしてみてもいいと思います。トライ・アンド・エラー（Trial and Error）は全ての基本となる姿勢ですから。ただし、お作法を一切わきまえない、思い入れだけが勝った主張や行動が、どれだけ周りに甚大な迷惑を及ぼすか、くれぐれも自覚してくださいね。特に、相手がある場合、その人たちは皆さんの思い入れに協力する義務などないのが普通です。また、その人たちは皆さんの発するいい加減な情報に振り回される筋合いもありません。そういうことまで承知した上でやってみてください。

そんなに慌てなくても、準備講座のようなリハーサルを繰り返し、その思考プロセスが習得できていれば、プレ大学生としては万全です。「激変」に臆《おく》することなく、余裕を持って大学生活をスタートさせることができるはずです。

それだけでなく、次章で述べるように、社会人としても大きなアドバンテージとなって生きてきます。合格してから入学するまでの幸せなインターバル期間、身近なところから問題意識を見出すトレーニングに、是非前向きに取り組んでみてください。

第5章　本当に身につけるべき「チカラ」とは

留学・資格・就職の3点セット

大学生は、自由気儘《きまま》、能天気に過ごしているように見えても、どこかでこのままじゃやばいで、と危機意識というか焦りを伴っているようなところがあります。そのことが如実に伝わってくるのは、実は新入生から。内容については後で再度触れますが、少人数クラスの「導入授業」では、最初はやはり自己紹介から始めます。

普通に「自己紹介をどうぞ」と促すと、「○○です。××高校出身です。友達一杯作りたいんで、気軽に声かけてください。よろしくお願いします」という、およそ中身のないワンパターンな自己紹介が延々と続いてしまうのです。

ですので、苦肉の策（？）で「ひねりのきいた自己PR」「気になっている社会問題」「大学4年間で成し遂げたいこと」「入ってみたいサークル」「やってみたいバイト」「ウラサカへの質問」などの具体的なトピックスをいくつか与えて、話してもらうことにしています。

「大学4年間で成し遂げたいこと」といっても、おお、それはすごい野望、と感嘆するようなものにはまずお目にかかれません。出てくるのは、留学したい、資格を取りたい、そして就職できるか心配です、という判で押したような、ひどく堅実なことなのです。へえ、入学したばかりなのに、何がそんなに不安なんだろう？　と興味を引かれました。

そうはいっても、留学にしても、資格取得にしても、実現まで漕《こ》ぎつけられる人は限られています。最初は挑戦しようと固く決意していたけれど、気がついたら1年、2年と経過し、あっという間に就職活動の時期が来てしまったという人も多い。結果的には、そういう二極化が見られるようです。

大学生活をどう過ごすか、ということに関しては、何を主軸にするか、ということで区分すると分かりやすいかもしれません。勉強以外でざっと列挙してみると、留学、資格、サークル、バイト、その他の個人的な活動、という感じでしょうか。

これらが、ひいては就職活動の際のウリにもなります。留学は海外経験や語学力、資格は取得した資格に関《かか》わる能力、例えば簿記検定なら会計・経理ですし、証券アナリストや宅建（宅地建物取引主任）なら業界直結型の能力、サークルは実績そのものに加えてリーダーシップなどというように。

大学が就職予備校であってはならない！　とはよく言われますが、さりとて就職活動を軽視するわけにはいきません。「就職活動で（出席できません、発表できません、試験ができませんでした……以下略）」と水戸黄門が印籠《いんろう》を振りかざすかのごとく言う学生の心得違いには呆《あき》れるしかありませんが、それでもある程度は目を瞑《つぶ》らざるを得ないのが実情。高校生にとっての大学受験と一緒です。

では、内定を獲得するために、大学のカリキュラムの下でベストを尽くすと果たしてどうなるでしょう。簡単ですね、そのココロは、就職活動に必要な科目に特化して勉強する、です。それが一番効率的で、賢い勉強の仕方になるはずです。

勉強の仕方？　まてまて、就職活動ではダイレクトに学力は問われません。むしろ面接が中心で、そこで自分をどうアピールできるかが勝負です。だから漠然と「真面目《まじめ》に勉強してきました」だけではないウリが欲しいのです。これまた高校生にとってのAO

入試に似ているところがありますね。

その際ポイントになるのは、**自分が企業にとって魅力的な、採用するに値する人材であるとアピールできるかどうか**です。そのニーズを読み違えて、ずれたアピールを繰り返しても、採用担当者には響きませんから。

今の学生の行動から推察すれば、語学力や資格、リーダーシップなどが企業の求める力なのでしょうか。それだけ？　第1章でざっと眺めた40年以上の働く期間を乗り越えていく力を、本当にそういうことだけで見極められるのでしょうか。

「雇用され得る能力」のことを**エンプロイアビリティ（Employability）**と言います。Employ（雇用する）とAbility（能力）を組み合わせた言葉ですが、目に見えるものとしては「知識・技能」「思考特性・行動特性」の二つが挙げられています（『エンプロイアビリティの判断基準等に関する調査研究報告書』厚生労働省、2001年）。後者には、態度や協調性などが含まれるようです。

なるほど、語学力や資格は「知識・技能」にあてはまりますし、リーダーシップは望ましい「思考特性・行動特性」だと考えられます。しかし、他にもっとエンプロイアビリティを高める要素はあるはずです。新卒者の場合、そのキーワードとなるのが**トレイナビリティ**（Trainability）です。Train（訓練する）とAbility（能力）を組み合わせた言葉ですが、入社後のトレーニングによってどれだけ伸びる可能性があるか、ということです。

それはそうですよね。新卒者はまだ本格的に働いたことがありませんから、仕事をする上での実践的な「知識・技能」は乏しくて当たり前ですし、望ましい「思考特性・行動特性」を直接示すことのできる職務経歴も持ち合わせていません。であるならば、将来きっと高いパフォーマンスを発揮するようになるだろうと思わせることが肝要なのです。

では、どうしたら自分が「成長株」であると評価してもらえるのでしょう。企業は、学生のトレイナビリティの有無を判断するために、どういう力に注目しているのか。そして、それをどのようにして身につけるのか。その辺りを探ることから始めてみます。

「社会人基礎力」「地頭力《じあたまりょく》」というスローガン

世の中で関心を寄せられていることは、面白いほど似通っています。企業はどういう力を持つ人材を求めているのか。就職活動たけなわの時期は特に、そういう情報が様々な形で流布します。よくあるのは、有名企業の採用担当者の談話が並んでいる記事。あるいは、入社式でのトップの挨拶《あいさつ》なども定番です。それぞれに個性豊かな「求める人材像」がうかがえて、それはそれで参考になるかもしれません。

最近の流行の一つは、「社会人基礎力」でしょうか。経済産業省は、職場や地域社会で働く上で求められる能力（社会人基礎力）を明確にするために、2005年7月に「社会人基礎力に関する研究会」を組織して検討を進め、2006年2月に中間とりまとめを公表しました。

それによると、「社会人基礎力」は、「前に踏み出す力（アクション）～一歩前に踏み出し、失敗しても粘り強く取り組む力～」「考え抜く力（シンキング）～疑問を持ち、考え抜く力～」「チームで働く力（チームワーク）～多様な人とともに、目標に向けて協力

図表10　社会人基礎力の能力要素

前に踏み出す力（アクション）

・**主体性**：物事に進んで取り組む力

・**働きかけ力**：他人に働きかけ巻き込む力

・**実行力**：目的を設定し確実に行動する力

考え抜く力（シンキング）

・**課題発見力**：現状を分析し目的や課題を明らかにする力

・**計画力**：課題の解決に向けたプロセスを明らかにし準備する力

・**創造力**：新しい価値を生み出す力

チームで働く力（チームワーク）

・**発信力**：自分の意見をわかりやすく伝える力

・**傾聴力**：相手の意見を丁寧に聴く力

・**柔軟性**：意見の違いや立場の違いを理解する力

・**情況把握力**：自分と周囲の人々や物事との関係性を理解する力

・**規律性**：社会のルールや人との約束を守る力

・**ストレスコントロール力**：ストレスの発生源に対応する力

出典）『社会人基礎力に関する研究会「中間取りまとめ」』（経済産業省、2006年）

する力〜」という三つの能力で構成されています。

これらの能力は、さらに12の能力要素に細分化され、例えば「前に踏み出す力」であれば「主体性（物事に進んで取り組む力）」「働きかけ力（他人に働きかけ巻き込む力）」「実行力（目標を設定し確実に行動する力）」という3能力要素が提示されています（図表10）。

就職・採用段階においては、これらの「社会人基礎力」の枠組みを企業と若者が共有し、それを土台として相互に「求める人材像」や「自分の強み」を発信し、理解し合うことが重要と指摘されているのですが、どうでしょう。分かりやすい……ですか？ こういう力があれば、一応「成長株」だと評価してもらえそうということではあるんですが。

目新しいというよりは、「こういう力が要るんちゃうかなあ」と皆が何となく肌で感じていることを整理しただけという感が否めません。「社会人基礎力」を身につけて企業に「成長株」であることをアピールしましょう！ と煽《あお》られても、画期的な指針にはならないんじゃないかと思います。積極性が大事とか、コミュニケーション能力を高めようとか、そういうことは今までも嫌というほど言われてきたわけですしね。

あるいは、「地頭力《じあたまりょく》」という言葉も最近よく耳にします。NHKのクローズアップ現代という番組で紹介されていたのは、「富士山を動かすにはどうしますか?」「世界6大陸のうち一つをなくすとしたらどれですか?」というマイクロソフト社などの就職試験で実際に出題された問題で、どういうロジックで対応するかによって、学生の本来の思考力や問題解決能力など、知識とは別の頭のよさ(=地頭力)を見極めようとしているということでした(『富士山をどう動かしますか?――〝地頭力〟の時代』2008年4月3日放送)。

この「地頭力」を先述の「社会人基礎力」に当てはめれば、「考え抜く力」のうちの「創造力(新しい価値を生み出す力)」という能力要素に最も近いように思いますが、それにしてもこんなことをいきなり就職試験で問われても、「何で富士山を動かさなアカンねん……」と面食らうのが関の山です。既存の発想にとらわれず、課題に対して新しい解決方法を考える力を試すという意義はあるにせよ、どうにも突飛な印象が拭《ぬぐ》いきれません。

私だったら試験会場で涙目になるな……と思うと、この種の問題を嬉々《きき》として利用する最先端のＩＴ企業やコンサルティング企業などの採用担当者を斬新な解答で唸《うな》らせ、将来を嘱望《しょくぼう》されて入社したいという人に対しては、この先とてもお役には立てそうにありません。

しかし、そのような企業にしても、学生にしても、現実問題としてはやはり少数派なのではないでしょうか。第２章で説明したように、両者が就職市場における「情報の非対称性」の克服に努めるのは言うまでもないことですが、そのやり方は、多くの場合ごく常識的なものです。普通に、まともに、お互いを見極めようとしているはずです。

どうすれば富士山を動かせるようになるのか、そういう問題に何がしかの解答を与えるという短絡的な意味での「社会人基礎力」や「地頭力」の鍛え方はさっぱり分かりませんが、次にお話しするように、**大学生活を普通に、まともに送ることで、この二つのスローガンが企図する力は身につける**ことができると思いますよ。

「地頭力」の番組でスタジオゲストだったコピーライターの糸井重里さんは、コメントの中で**「何をやってきたのかという方法の記憶」**という表現を使われていました。糸井さんの意図を拡大解釈してしまっているかもしれませんが、皆さんに身につけて欲しい「チカラ」の本質は、この表現がとてもうまく言い表してくれているように思うのです。

正課を骨までしゃぶりつくす

企業は学生のトレイナビリティ、つまり「成長株」であるかどうかを測りたいがために、「社会人基礎力」や「地頭力」なるものに注目していることが分かりました。だからといって、即行動につなげられますか？　語学力が必要と言われれば、すぐにでも対応できます。でも、「社会人基礎力」や「地頭力」を鍛えろと言われても、一体どうすればええのん？　ですよね。

そろそろ企業に振り回されるのは止《や》めましょう。企業目線はひとまず横に置いて、学生目線に戻ってください。学生の本分は何か。妙な確認ですが、大学は学校なんだから、勉強するところでしょう？　勉強して力をつけるところでしょう？　その原点に回帰して、本分をまっとうすることを考えてみましょうよ。

前章では、大学で学び方が変わるということをお話ししました。高校までの学力をつけるための学び方とは次元の違う学び方になります。だからこそ、それをまっとうすることが就職活動の王道につながり得るのです。

就職活動に必要な、役に立つ科目に特化して勉強することが、一番効率的で、賢い勉強の仕方というのはその通りですが、今回は捨て去ってしまえる科目はありません。言い換えれば、**どんな科目でも就職活動に向けて活用できる**ということです。だから「**正課（単位が認められる正式の授業科目）を骨までしゃぶりつくす**」ことをおすすめするんですね。

そうしないともったいない。大学の授業料は安くありません。私立大学であれば、年間100万円近くかかります。だったら、その金額に見合った成果をもぎ取らなければ。サークルは「課外」活動。バイト、その他の個人的な活動も大学の外でするもの。留学だけは正課と重なりますが、資格取得だって専門学校とのダブルスクールが近道です。

そうすると、今の学生が就職活動でウリにしていることのほとんどは、大学生活の周辺部分での成果であって、本分の成果ではない。それってどう考えてもおかしいでしょう？　周辺部分の成果は、あくまでもプラスアルファとしてキープしておいて、**本分を**

貪欲《どんよく》に追求することによって一回りも二回りも大きくなる。その成果で勝負して欲しいのです。

　ではここで、正課を3通りに分類して、それらの概要を説明しておきます。「講義形式」の授業、「演習形式」の授業、「実習形式」の授業というざっくりとしたとらえ方ですが、それぞれ学び方に特徴があり、期待される成果も異なります。これらをうまく活用できればパーフェクトです。

「講義形式」の授業は、一番メジャーな「普通の授業」です。よく入試のニュースでテレビに映るような階段教室で、何百人もの学生が黒板のほうを向いている風景は、大学の授業と聞いて真っ先に思い浮かぶイメージですよね。もちろん、専門科目などではこぢんまりと行われることもありますが、どちらかといえば教える側からの一方通行になりがちです。出席も厳しく問われず、期末試験一発で成績が決まることが通例になっています。

「演習形式」の授業の典型例は、いわゆるゼミナール（以下、ゼミ）です。少人数のクラスでプレゼンテーション（以下、プレゼン）やディスカッションを織り交ぜながら、教員と学生、または学生同士の双方向的なやり取りを通じて授業が進行します。

この章の最初に触れた「導入授業」もその一つです。新入生には、まず図書館の使い方や文献検索の方法、レポートや論文の書き方、プレゼン・スキルなどを徹底的に教えます。これが、大学での学びのお作法、基本中の基本です。教養ゼミと呼ばれることもあります。

学年が進むにつれて扱う内容が専門的になり（専門ゼミ）、関連する国内外の文献を輪読したり、現場に飛び出したりしながら、自らの研究テーマを設定し、最終的には卒業論文（以下、卒論）という形でその成果をまとめるというのが一般的です。

私の場合、自分もゼミや卒論は必修でしたし、現在所属している学科でも必修です。必修でないこともあるようですが、就職活動の面接でゼミについて聞かれるのはお約束ですし、卒論のテーマは「エントリーシート（後述）」の段階で記入させられたりします（大抵はでっち上げになっちゃいますけれどね）。

「講義形式」の授業よりは主体的に学べる場であることから、企業の関心も高く、学生も必修かどうかにかかわらず「履修しなければ」と思うようです。確かに、ゼミや卒論を通じて身につく「チカラ」は桁違《けたちが》いですから、外すことなどもってのほか。後で詳しく見ていきますね。

最後の「実習形式」の授業は、学んだことを実地または実物に当って「やってみる」ということです。例えば医学部や看護学部の実習は、まさに患者さんと相対して治療したり、看護したりすることでしょうし、先生になるための教育実習や介護実習などもイメージしやすい実習です。

私は、調査実習という授業を長年担当しています。教科書などで調査方法を一通り学んだ後、自分で実際に計画を立てて調査を実施する「実習形式」の授業です。やってみると、文字通り「教科書通り」にはいかないことだらけ。

教科書の内容に到達する前に、調査協力をお願いするための「拝啓」で始まる手紙が書けなくて困り果てている学生がいるとかいないとか……。慌てて「ビジネスレターの書き方」のようなマニュアル本を紐《ひも》解く姿は、どこか社会人っぽい匂《にお》いがします。

先に触れた「社会人基礎力に関する研究会」の中間とりまとめでは、教育機関に望まれる取り組みとして、インターンシップやプロジェクト型授業（Project Based Learning：以下、ＰＢＬ）などの産学連携の促進が挙げられていました。これらも新たな「実習形式」の授業と見なしていいと思いますし、このところ急速に導入されつつあります。

インターンシップは、企業などで一定期間就業実習をする制度で、言葉としても随分浸透してきました。近所の商店街で、小学生や中学生が「実習中」の名札をつけて店番をしているのを見かけたりすることもあります。大学生の場合は、３年生の夏休みを中心に、数週間程度実習することが多いようです。大学が正課として提供するプログラムに参加すれば、実習前後の授業での取り組みと合わせて所定の単位が認定されます。

ＰＢＬは、中間とりまとめでは「企業の実際の課題等について、その解決策をチームで検討する学習方法」と説明されていますが、平たく言えば学生と企業が協力して何かやってみよう！　ということです。最も分かりやすい例は、企業の商品開発に学生が協力するというプロジェクトでしょうか。どのような商品ニーズがあるのかを調査したり、アイディアを出したりという点で、学生ならではの視点や感覚を生かすことが期待されています。

同志社大学でも、「プロジェクト科目」と称するＰＢＬを正課として開講していますが、コラボレーションの対象は企業に限定されません。NPO（非営利団体）や地域社会、個人などとの連携もありますし、プロジェクトの内容も、営利を追求するだけでなく、ボランティア的なものにも成り得ます。要は、周囲と協力してゼロから何かを成し遂げる、そのプロセスを丸ごと体験して学ぶということを目的としているのです。

以上、3通りの正課の概要をざっと見てきましたが、いかがですか？「成長株」として芽生えるための畑としては、なかなか豊かな土壌に恵まれていると思いませんか？では、次にこれらの土壌に蒔《ま》かれた種（皆さん）が、どのように「成長株」として芽生えられるか、その仕掛けを解説します。ただし、「求めよ、さらば与えられん」（新約聖書マタイによる福音書）です。種に芽生える気がなければ、そのまま腐るのみ。

読み書きそろばん＋話す聞く

たった今、種に芽生える気がなければ腐るのみ……などと放言してしまいましたが、「気がなければ」というのは、せっかく豊かな土壌に恵まれているにもかかわらず、最低限の成果しか得ようとしないこと。つまり単位が取れたらええねんという「近視眼的」な行動を指します。就職活動、さらには社会に出てからの活躍を考えるならば、土壌に含まれる養分を吸い尽くして、地表に顔を出さなければなりません。

どう養分を吸い尽くすのか。その方法は、目的別にお話したほうがよさそうです。目的としては、「読み書きそろばん＋話す聞く」というごくありふれた、けれどもともとこと根源的なものを想定してみてはいかがでしょう。

「読み書きそろばん」は、「社会生活を営むうえでの基本的学力」と明鏡国語辞典に載っています。昔からこういう言い方をしますが、今はプラス話す、聞くというコミュニケーション能力も必要不可欠です。結局**「社会人基礎力」や「地頭力」の大本を支えているのは、これらの力に他《ほか》ならない**のです。

▼読む

どんなタイプの授業でも文献は読みます。いや、必ず読まされます。指定される文献は、たいがい自分から手を伸ばすことなど絶対にあり得ないような代物ですよね。それを半ば無理矢理読まされる。素晴らしいチャンスではないですか！

皮肉ではありません。騙《だま》されたと思って読んでみる。意味不明でも、全く役に立たなくても、それでもともとです。万が一にも理解できたり、面白みを感じられたりしたら、それこそ儲《もう》けもの。何より自分の世界が広がりますし、そもそも課題として読んだわけですから、授業でプレゼンするにしても、レポートや論文に引用するにしても、内容が消化できていればいるほど充実したものになるはずです。

そうすれば、今度は周りの反応が楽しみですね。例えばゼミで文献を輪読している場合、自分の担当分をテキトーにしかこなさなかったとしましょう。ま、準備していかなかったり、欠席したりしたら単位も危ういですが、とりあえず格好だけでもつけておいたら、「近視眼的」には何とかなります。

そうすると、ゼミの最中は「読んでみたんですけど（軽く流し読みだけ）、この辺りがあまり理解できなくて……」というような言い訳ばかりになりますね。ここでメンバーの誰《だれ》かがしっかり読んできていれば、まだ展開の余地はあるものの、大抵は読んできていませんから顔が上げられません。イラッときた先生が説明を始めて、講義のような一方通行のゼミになる、と。

ところが、自分の担当分かどうかなんてケチなことにこだわらず、毎回ちゃんと読み込んでいけば、どんなシチュエーションでもそれなりに実のある見解が示せるわけです。そうなると、先生も一目置くでしょうし、メンバーにも刺激になります。思ってもみなかったディスカッションができるかもしれません。自分が起爆剤となり、エンジンとなって、いいほうにいいほうにゼミが回転していく。気持ちいいですよ、これは。

どうせ読まなきゃならないものだったら、それくらいは選《え》り好《この》みしないで真剣に読む。

第3章でも強調しましたが、満遍《まんべん》なく基礎学力を養うことに相通じる姿勢です。もはや入試は関係ありませんが、**土台はなるべく水平で幅広いほうが、積み重ねがしやすい**のは自明のこと。苦手を作らない、興味を狭めない、可能性の芽を摘まない、という意味で、専門性を高めることと同じくらい、フィールドを広げることが大切になってきます。

▼書く

省エネ、省エネルギーというのは、昨今はエコロジーの観点から奨励されてしかるべき努力ですが、学生は往々にして努力の方向性を履き違えます。先ほど述べた本分（正課）で熱心に省エネに励んでしまうのです。最も少ないエネルギーで、いかにして単位をゲットするか。書くことに関しては、それが一番あからさまです。

コピペという言葉を聞いたことがありますか？　コピー・アンド・ペースト（Copy and Paste）の略ですが、教育現場で深刻化している盗作問題を意味することが増えてきました。盗作って……何だかもう身も蓋《ふた》もない言い方ですけれどね。

大学で要求されるレポートや論文では、手書きを指定されることはまずありません。一方、インターネットの発達により、誰もが膨大な情報に簡単にアクセスできてしまいます。となれば、ついついズボラ、もとい省エネで、画面の情報をざざっとコピーして、自分の文章にペッタリ貼り付けてしまうのです。

採点する側から忠告させてもらえば、これはほぼ100％バレます。まず、コピペの事実を隠そうという気さえないレポートや論文がある。信じ難いことですが、フォントの大きさや種類、行間が他の部分と違っていたりして、コピペしましたと言わんばかりです。悪びれないというより、悪いことをしているという自覚がないんかなあ、こういう人たちは。

工夫して自分の文章に紛れ込ませている場合でも、つなぎ目がヘンだったり、学生が使えそうにもない言い回しが混じっていたり。おもむろにパソコンの前に座って、怪しい文章をGoogleか何かに放り込んで検索すると、めでたくビンゴ！　となるわけです。そして、心置きなく落第点を進呈することに。

皆が同じように検索して、ヒットしたサイトの順番通りに、考えなしにコピペしていきますから、読んでいて「またコレか」とゲンナリします。芸がないねん、芸が！　と採点しながら突っ込みまくりです。

こういうことが度重なると、仮にレベルの高いレポートや論文に出会っても、まずコピペを疑ってかかっている自分がいることに気づきます。**書くことをみっちり指導してもらえる機会を自ら放棄するなんて、つくづくアホやなあ、分かってへんなあ**と思わずにはいられません。

レポートや論文は、小説やエッセイ、ましてや感想文ではありませんから、**伝えたいことが論理的に構築され、過不足なく、簡明に表現されていなければ失格です。参考資料にしても、信用するに足るものが使えていなければなりません。**

そういうことを逐一指導してもらえるのですよ、特に少人数の「演習形式」や「実習形式」の授業では。コピペでアウトになっている分には、コピペがアウトという指導を受けているにすぎないでしょう？　ああ、何てもったいない……。

就職活動で企業に応募する際に「エントリーシート」というものを提出します。前節で卒論のテーマを記入させられたりすると言いましたね。それ以外にも、自己紹介や志望動機、大学生活で熱中したことなどを書くわけですが、採用担当者はお役目上、これを何百枚、何千枚と読む羽目になります。

読んでいてワクワクするような大学生活を送ってきた人はそういないでしょうから、恐らく書かれている内容は似たり寄ったり、そこに大差はありません（だから読むのは苦痛でしかないと思います）。だとすれば、勝敗を決するのは書いて伝える力です。普段から書き慣れてさえいれば、就職活動の最初のハードルは、さほど高くはならないはずです。

社会に出てからも、書くことはありとあらゆる場面で要求されます。仕事で使いものになる文章力をつけるためには、絵文字たっぷり、スタイルや分量、内容の真偽に至るまで何ら制約のないブログを書き慣れたところでダメだということは分かりますね。

書いたものを丁寧に読んで、批評してもらえる機会は貴重です。それは絶対に無駄にせず、有効に活用しなければ！　**レポートにしても論文にしても、出しときゃいいわという横着さは、自ら大損を招く行為である。**そう肝に銘じてください。

▼そろばん

昔のそろばんは、今のパソコンに置き換えられるのかもしれません。ここではもう少し範囲を広げて、**数字、数学的なるモノ、すなわちデータリテラシー（データを活用する能力）をどう身につけるか**というところまでカバーしたいと思います。

ですが、こればかりは第3章からの流れをくんで、それっぽい授業を避けて通らないでください、としかアドバイスのしようがありません。「読む」の項の繰り返しになりますが、苦手を作らない、興味を狭めない、可能性の芽を摘まない、ということです。

なぜなら、これも第3章で強く訴えたことですが、受験には不要で、大学でも避けて通れたからといって、先々まで不要とは言い切れない。それどころか、データリテラシーを身につけていないと、仕事をしていく上で不利な状況に追いやられることが、容易に想像できるからです。

一つ事例を挙げましょう。JR東日本ステーションリテイリング社長で、「エキナカ」ビジネスを手がけた鎌田《かまた》由美子さんが、NHKの経済羅針盤という番組に出演されたときのお話です。「(百貨店での)研修から戻り、一日中机に座って数字を集計する仕事に変わりました。最初は落ち着かなかったんですが、データを見るうち(駅ビルの)店の傾向が見えて面白くなりました」(『特集トップが語る〝20代に何をすべきか〟』2008年5月4日放送)。

鎌田さんは、文科系のご出身です。しかし、数字を集計する仕事が与えられ、それをクリアした先に「エキナカ」プロジェクトリーダーという大役が待ち構えていました。もし鎌田さんが数字に怖気《おじけ》づく人だったら、便利な「エキナカ」の誕生も遅れていたかもしれませんし、今の鎌田さんももちろんなかったことでしょう。

社会に出れば、どんなチャンスが訪れるか分かりません。それを目の前にして腰が引けてしまうのは、やはりもったいない。大損です。統計などを用いる「講義形式」の授業を、最初は冷やかし半分でもいいので受講してみましょう。結果的にちんぷんかんぷんでも、「齧《かじ》ったことがある」というのが、後々意外に役に立つものなのです。誰かに教えてもらわなければ、自学自習が結構厄介なのがこの種の勉強の常ですから。

とはいえ、実際に数字をいじるところまではいかなくても、自分で地道に体質改善(？)を図っておくことはできますよ。例えば第3章で挙げた谷岡一郎さんの『データはウソをつく』に加えて、『「社会調査」のウソ——リサーチ・リテラシーのすすめ』(文春新書、2000年)なども、読み終えたらそこら中に氾濫《はんらん》するデータに対する見方が一変しそうです。

あるいは、講談社ブルーバックスからも、田栗正章《たぐりまさあき》・藤越康祝《ふじこしやすのり》・柳井晴夫《やないはるお》・C.R.ラオ『やさしい統計入門——視聴率調査から多変量解析まで』(2007年)などの読みやすいものが沢山出ていますので、食わず嫌いしないでページをめくってみてください。

▼話す聞く

話すことと聞くことは、よくキャッチボールに例えられますね。二つセットで言及してみましょう。例えば「講義形式」の授業はどうしても受け身になりがちですが、あの授業つまんないとサボったり、居眠りしたりしているぐらいだったら、その**授業担当者の「話し振り」を批判してみてはいかが？**　ボソボソしゃべって聞き取り難《にく》いとか、板書が汚いとか、スライドの転換が早すぎてノートが取れないとか。これぞ反面教師、です。

ときには社会の第一線で活躍されている方が、ゲストスピーカーとして講義されることってありませんか？　これまた絶好のチャンス到来。ビジネスの現場で練り上げられた、惚《ほ》れ惚《ぼ》れするようなプレゼンを目の当たりにできるかもしれませんよ。

外部の方をお招きする場合は、当然聞く側の態度も厳しく問われます。忙しい仕事の合間を縫って準備し、一生懸命話をしているのに、うるさかったり、机に突っ伏されたり、教室を出たり入ったりされたりしたらどれだけ不愉快か。とんでもないマナー違反です。

実際に自分が話したり聞いたりするのは、やはり「演習形式」や「実習形式」の授業を通じてということになりそうです。スライドや資料の作成を含めたプレゼン・スキルを高めるには、上手な人を真似《まね》てもいいし、マニュアル本や講習会などを通じて勉強してもいい。授業の場で身につけるべきは、むしろ**ディスカッションでの振舞い方**です。

皆さんもこれまでに、沈黙が支配するディスカッションで、周囲の出方をうかがいながら気まずい思いに耐えたことが幾度となくあったでしょう。そうではなく、場の雰囲気や流れを敏感に察知して、自分の考えをどのように話し、相手の考えをどのように聞くのが効果的かを試行錯誤してみる。メンバーを見渡して、進行役を担えばいいのか、フォローに回ればいいのか、自分の位置取りに苦慮してあがいてみる。

そういうことを何度も何度もやってみる。うまくいくこともあれば、裏目に出て落ち込むこともあるでしょう。しかし、自分の中に蓄積された「何をやってきたのかという方法の記憶」が、必ず次に生かされるはずです。「近視眼的」なことをいうのは少々居心地が悪いのですが、就職活動でも「グループ面接」「グループディスカッション」は定番ですよ。

最大公約数の「チカラ」を身につける

この章のタイトルは、「本当に身につけるべき「チカラ」とは」です。「チカラ」とあえてカタカナにしたのは、語学力などの客観的に評価できる具体的な力ではなく、「社会人基礎力」や「地頭力」などのありがちな、分かるようで分からない感じの力でもなく、それらを全《すべ》て含むというか、全てに共通するというか、そんな最大公約数のような力だということを示したかったからです。

それは大学生活を普通に、まともに送ることで身につけることができるものです。これまで述べてきたことはほんの一例で、大学には、他にも「チカラ」を身につけるチャンスが目白押しです。自分が行動する気にさえなれば、心強い「サポート」が得られるだけのヒトとモノが揃《そろ》っています。

また、地域社会や大人たちも、何かをしようとする学生に向けるまなざしは、とても優しくて温かいもの。これは学生という立場だからこそ享受できる、最大の特権ではないでしょうか。

そう考えると、授業にも出ず、試験前にどこからともなくノートを調達して丸暗記……という単位と卒業しか見えていない学生は、かわいそうやなあ、大損しているのが分からへんのかなあと気の毒になってきます。**大学生活の周辺部分では、相当特殊なことをしなければ、抜きん出た成果なんて得られないのに。**

さあ、そろそろ終わりに近づいてきました。まとめに入りましょう。「はじめに」で「なりたいもの」から「なれるもの」へのブレイクダウンを果たす原動力はどこに見出せるのか、という論点を投げかけました。覚えていますか？　**原動力は「チカラ」にあります。**

また、これも「はじめに」で書いたことの再確認ですが、学校教育の場を存分に生かしながら主体的に、かつ幅広く学ぶことにこそ意義がある。何を学ぶかではなく、どう学ぶかという点を重視し、そのプロセスを着実に遂行できることが、社会人としての底力にもなり得る。私が一番伝えたかったことです。納得してもらえたでしょうか。

そのプロセスとは、**まず問題意識を持って取り組みを立案すること。**その際、**現状を正確に把握するべく下調べを行うこと。**そして、**勇気を持って実行に移す。得られた結**

果は、冷静に振り返り、総括し、周囲と共有する。研究だけでなく、仕事でも、取り組む対象が何であっても、専門分野にかかわらず、求められるプロセスは全て同じです。これらを周囲と協力し合いながらこなしていけるか。そして自分の「チカラ」にできるかです。

10年以上大学の教壇に立ってきて最高に嬉《うれ》しいのは、「チカラ」を身につけた学生が大きな成長を果たし、その事実に裏付けられた根拠のある自信と達成感を携えて卒業していく瞬間です。ただただ身体《からだ》に気をつけて、元気でがんばりや、ええ仕事しいやという気持ちになります。それは、これでもう大丈夫、きっとやっていける、という安心感です。

「チカラ」を身につけると楽しいですよ。世界観が変わること請《う》け合《あ》いです。そして、自信を持って就職活動に向かう。自信は人を大きく見せますからね。採用担当者の目には、きっと堂々たる「成長株」として映ることでしょう。

おわりに——学生から社会人へ

朝、登校して、掲示板をチェックしてから授業を受けて、皆と一緒にランチした後、眠気が襲う中また授業。終わったらサークル、バイト、カフェでお茶しながら友達と何時間もしゃべったり、帰りにぶらぶら寄り道したり。試験を受けて、夏休みがあって、そんなこんなで1年がすぎて……。そういう学生としての毎日とも、お別れになる日が遠からずやって来ます。

思えば、小学校に入学した7歳のときから、学校に通うことが皆さんの生活の中心でしたね。生徒、学生と呼ばれ、勉強が仕事でした。ずっとそういう存在であり、そういう目で見られてきました。大学を卒業すると同時に、多くの人はそういう存在であることからも卒業します。いや、卒業させられます。社会の荒波にもまれる準備はできましたか？

頼りになるのは、自分の「チカラ」のみです。今から振り返れば、大学4年生のとき、私は自分に全く「チカラ」が身についていないことを思い知り、打ちのめされました。丸腰で就職活動をする不安に耐えられず、大学院に進学したというのが本当のところです。まだバブルの余波で売り手市場だったのに、残念なことをしました。

それだけに、学生という立場との決別が、どれだけ淋《さび》しく、心細いものなのか、分かるような気がするのです。喜び勇んで社会へ飛び出せる人たちばかりではありません。できれば先送りしたいなあ……と思いつつも、自分の頬《ほお》をパンパンとはたいて気合を入れ、エイヤっと最初の第一歩を踏み出す。そういうものではないでしょうか。

そう、これから社会人として働いていくことを覚悟しなければなりません。それぞれのやり方で、それぞれのペースで。そんなに知られていない映画かもしれませんが、ウーピー・ゴールドバーグが主演した『コリーナ、コリーナ』（アメリカ、1994年）という作品で、学校に入る勇気がなくて門の前で立ち尽くしている女の子モリーに、その家で家政婦をしていたコリーナが、「アップ、アップ」と手の動きで顔を上げるように教える場面があります。

顔を上げることによって、先を見通すことができ、「近視眼的」にならないで済むだけでなく、自然に背筋が伸び、胸を張ることができます。そして、しゃんとした気分になる。腹を括《くく》って、前に進むエネルギーが湧いてくるように思うのです。だから私も、「アップ、アップ」と念じるような気持ちでこの本を書きました。

思いやりを込めて「無理をしないように」という言葉をよくかけますね。でも、スポーツと一緒で、過酷な負荷をかけるからこそ伸びることもあるのです。ハードルを上げる、越える、また上げる、越える、それを継続するのが成長です。自分の可能性を信じて、自分を成長させることに骨惜しみしないでと言いたい。だから、心からの期待を込めて言葉を贈りますね。無理をしてください！

ここまで書いてこられたのも、ご縁のあった学生の皆さんのおかげです。特定の誰《だれ》かのことをどうこういう意図は全くないのですが、読んでいて、これは自分のことかも……と気を悪くした人がいたかもしれません。ごめんなさい。

それも今となっては笑い話になるような、そういう成長を果たして羽ばたいてくれたからこそ、こうして後に続く人たちのために、ネタにさせてもらえたのです。皆さんが、私にこれだけのメッセージを紡ぎ出す「チカラ」を与えてくれました。感謝しています。

さて、最後の最後にお伝えするのは、ようやくピリオドを打つところまで来た私の胸の内を率直に。熱く叫び続けるのはしんどかったけれど、ベストは尽くしたし、思い残すこともないし、ホンマもうええわ、という感じでして……。うん、我ながらグッジョブ！　と言ってしまいましょう。

皆さんも、こんな仕事の楽しさ、そして数限りない達成感に満《み》ち溢《あふ》れたキャリアを築いていけますように。

私のような「未公開株」を「成長株」と見込んで投資してくださった、ちくまプリマー新書編集部の伊藤笑子さんに、心からお礼申し上げます。自分のことを理解し、期待を寄せ、成果を信じて心待ちにしてくださる方がいることが、どれだけ嬉《うれ》しく、励みになったか。私自身が、学生たちにとって、そういう存在であり続けなければと、気持ちを新たにいたしました。この場をお借りして、本当にありがとうございました。

２００８年12月

浦坂純子

ちくまプリマー新書

028
「ビミョーな未来」をどう生きるか
藤原和博
「万人にとっての正解」がない時代になった。勉強は、仕事は、何のためにするのだろう。未来を豊かにイメージするために、今日から実践したい生き方の極意。

047
おしえて！　ニュースの疑問点
池上彰
ニュースに思う「なぜ？」「どうして？」に答えます。今起きていることにどんな意味があるかを知り、自分で考えることが大事。大人も子供もナットク！の基礎講座。

095
目と耳と足を鍛える技術
――初心者からプロまで役立つノンフィクション入門
佐野眞一
脳みそに汗かいて考えろ！　世の中を一つ余さず凝視し、問題意識を身につける技術とは？　日本の戦後史、平成史を縦横無尽に俯瞰しながらその極意を伝授する。

059
データはウソをつく
――科学的な社会調査の方法
谷岡一郎
正しい手順や方法が用いられないと、データは妖怪のように化けてしまうことがある。本書では、世にあふれる数字や情報の中から、本物を見分けるコツを伝授する。

ちくまプリマー新書

094 景気ってなんだろう　岩田規久男

景気はなぜ良くなったり悪くなったりするのだろう？　アメリカのサブプライムローン問題が、なぜ世界金融危機につながるのか？　景気変動の疑問をわかりやすく解説。

080 「見えざる手」が経済を動かす　池上彰

市場経済は万能？　会社は誰のもの？　格差問題の解決策は？　経済に関するすべてのギモンに答えます！「見えざる手」で世の中が見えてくる。待望の超入門書。

055 ニッポンの心意気——現代仕事カタログ　吉岡忍

サラリーマンかフリーターか——現代ニッポンの職業観に、異議あり！　この国は、実にバラエティに富んだ仕事人で溢れている。働く意欲が湧いてくる一冊。

091 手に職。　森まゆみ

職人たちはなぜその仕事を選んだのか。仕事のどこが大変で、どうやって一人前になったか。理屈では語れないモノつくりの世界の喜びが、その人生談から滲み出す。

ちくまプリマー新書

051
これが正しい！英語学習法
斎藤兆史《よしふみ》
英語の達人になるには、文法や読解など、基本の学習が欠かせない。「通じるだけ」を超えて、英語の楽しみを知りたい人たちへ、確かな力が身につく学習法を伝授。

097
英語は多読が一番！
クリストファー・ベルトン
渡辺順子訳
英語を楽しく学ぶには、物語の本をたくさん読むのが一番です。単語の意味を推測する方法から、レベル別本の選び方まで、いますぐ実践できる、最良の英語習得法。

062
未来形の読書術
石原千秋
私たちは、なぜ本を読むのだろう。「読めばわかる」というレベルを超えて、世界の果てまで「自分」を追いかけていく、めまいがしそうな試みこそ、読書の楽しみだ。

093
受験生のための一夜漬け漢文教室
山田史生
「漢文？　パス！」という多くの受験生に送る苦手克服の虎の巻。漢文は日本語だという基本をおさえれば、センター試験レベルなら一晩で楽勝。効果絶大の個人授業。

ちくまプリマー新書

096
大学受験に強くなる教養講座
横山雅彦
英語・現代文・小論文は三位一体である。本書では、それら入試問題に共通する「現代」を六つの角度から考察することで、読解の知的バックグラウンド構築を目指す。

001
ちゃんと話すための敬語の本
橋本治
敬語ってむずかしいよね。でも、その歴史や成り立ちがわかれば、いつのまにか大人の言葉が身についていく。これさえ読めば、もう敬語なんかこわくない！

052
話し上手　聞き上手
齋藤孝
人間関係を上手に構築するためには、コミュニケーションの技術が欠かせない。要約、朗読、プレゼンテーションなどの課題を通じて、会話に必要な能力を鍛えよう。

076
読み上手　書き上手
齋藤孝
入試や就職はもちろん、人生の様々な局面で読み書きの能力は重視される。本の読み方、問いの立て方、国語の入試問題などを例に、その能力を鍛えるコツを伝授する。

chikuma
primer
shinsho

ちくまプリマー新書 099

なぜ「大学《だいがく》は出《で》ておきなさい」と言《い》われるのか
——キャリアにつながる学《まな》び方《かた》

二〇〇九年一月十日 初版第一刷発行
二〇二三年五月二十日 初版第十二刷発行

著者 浦坂純子（うらさか・じゅんこ）

装幀 クラフト・エヴィング商會
発行者 喜入冬子
発行所 株式会社筑摩書房
東京都台東区蔵前二-五-三 〒一一一-八七五五
電話番号 〇三-五六八七-二六〇一（代表）

印刷・製本 中央精版印刷株式会社

ISBN978-4-480-68800-2 C0237 Printed in Japan